C'EST UNE FILLE!

Daniel Gagnon

C'EST UNE FILLE !

LE DICTIONNAIRE
DES PRÉNOMS FÉMININS

Les Éditions
LOGIQUES

LOGIQUES est une maison d'édition agréée par les organismes d'État responsables de la culture et des communications.

Révision linguistique : Margot Sangorrin
Mise en pages : Philippe Langlois
Couverture : Christian Campana

Distribution au Canada :
Logidisque inc., 1225, rue de Condé, Montréal (Québec) H3K 2E4
Téléphone : (514) 933-2225 • télécopieur : (514) 933-2182

Distribution en France :
La Procure, 3, rue de Mézières, 75006 Paris
Téléphone : (33) 1 45 48 20 25

Distribution en Belgique :
Vander Éditeur, avenue des Volontaires, 321, 13-1150 Bruxelles
Téléphone : (32-2) 762-9804 • télécopieur : (32-2) 762-0662

Distribution en Suisse :
Diffusion Transat s.a., route des Jeunes, 4 ter. C.P. 125, 1211 Genève 26
Téléphone : (022) 342-7740 • télécopieur : (022) 343-4646

Les Éditions LOGIQUES
1247, rue de Condé, Montréal (Québec) H3K 2E4
Téléphone : (514) 933-2225 • télécopieur : (514) 933-3949

C'EST UNE FILLE!

ISBN 2-89381-279-1
LX-238

INTRODUCTION

Si notre patronyme indique d'où nous venons et souligne notre appartenance à une famille, à une communauté, à une société, notre prénom, lui, nous identifie et marque notre différence. Pour nombre d'entre nous, le prénom constitue une indication de notre personnalité, une façon de revendiquer notre place.

Dans toutes les civilisations, on comprend l'importance du prénom, et on ne choisit pas ce dernier à la légère. Chez certains peuples, les parents vont jusqu'à glisser dans le prénom les qualités qu'ils désirent voir apparaître chez leur enfant ou des signes d'appartenance à une religion ou à un groupe social. Ailleurs, certaines sociétés sont moins permissives et vont jusqu'à restreindre, par la loi ou les coutumes, les choix possibles.

La situation est plus simple dans la francophonie, où l'on s'arrête généralement à un prénom parce qu'il nous plaît depuis très longtemps – n'aurait-on pas d'ailleurs voulu le porter soi-même? – , parce qu'il évoque un être cher ou, tout simplement, à cause de sa musicalité. Croyances religieuses ou non, vous voudrez peut-être accorder le prénom à celui du saint du jour. Et, si vous êtes un fan, il se peut que vous souhaitiez choisir un prénom qui rappelle la vedette de l'heure!

Toutes les raisons, toutes les manières de choisir sont bonnes, y compris les suggestions parfois fantaisistes des amis ou de la parenté. Mais le principal critère pour la plupart des gens semble être celui de la simplicité, de l'euphonie et un sentiment général que le prénom «lui» va bien.

En revanche, les parents aimeraient savoir à quelle fréquence a été utilisé le prénom qui retient leur attention.

Si vous êtes en panne d'inspiration, consultez ce répertoire très varié et laissez-vous porter par la sonorité des prénoms au hasard de la lecture du livre. *C'est une fille!* a été conçu pour permettre de le faire de la manière la plus agréable possible.

C'est une fille! présente une liste de 2 499 prénoms dont – et c'est unique! – 686 prénoms composés. *C'est une fille!* est le seul livre à donner également un indice de la fréquence d'utilisation des prénoms au cours des 25 dernières années[1]. Il indique, s'il y a lieu, la date de la fête religieuse associée à chaque prénom, ce qui vous permettra, si vous le désirez, de choisir en fonction de la date de naissance. Enfin, les curieux trouveront les prénoms ayant servi à composer le nom de certaines villes, certains lieux et certains pays; certains rendent hommage à un saint ou à un fondateur. Tous sont identifiés en conséquence par un symbole particulier représentant un petit globe terrestre (⊕).

La liste est présentée par ordre alphabétique. La fréquence au cours des 25 dernières années est

---

1. Pour établir cet indice, l'auteur a fait l'échantillonnage des prénoms de 250 000 francophones à partir d'un registre constitué au cours des 25 dernières années.

indiquée par le nombre d'oursons, qui peut varier de 1 ourson pour très peu utilisé, 2 oursons pour les prénoms que l'on retrouve peu, 3 oursons pour ceux qui sont assez fréquents, 4 oursons pour des prénoms que l'on donne plus fréquemment et 5 oursons pour les plus populaires. Le symbole du sexe masculin et féminin est utilisé pour noter les prénoms qui conviennent également à une fille ou à un garçon (♀♂).

Si vous attendez un petit garçon, c'est bien simple: l'ouvrage que vous consultez actuellement est réversible! Il vous suffit donc de le retourner afin de découvrir des milliers de prénoms masculins.

Et pour piquer votre curiosité, ou pour en savoir plus, consultez la partie centrale de cet ouvrage.

LÉGENDE

⚥ Prénom convenant à une fille
ou à un garçon

**Fréquence des prénoms
au cours des 25 dernières années**

 Très peu fréquent

 Peu fréquent

Assez fréquent

 Fréquent

Très fréquent

⊕ Prénom associé
à un lieu géographique

Date Indique la date d'anniversaire
du saint patron

Abélia		
Abella		
Abellia		
Ada		
Adalberte		
Adama		
Adéla		
Adélaïde		16 décembre
Adelberte		
Adèle		24 décembre
Adelice		
Adélie		
Adélina		
Adelinde		
Adeline		20 octobre
Adnette		4 décembre
Adolphine		
Adriana		

Adriane	🧸		
Adrienne	🧸 🧸		
Aëla	🧸		
Agathe	🧸 🧸 🧸	⊕	5 février
Aglaé	🧸		14 mai
Agnès	🧸 🧸 🧸	⊕	21 janvier
Agrippine	🧸		
Aicha	🧸 🧸		
Aida	🧸 🧸		
Aigline	🧸		
Aiglonne	🧸		
Aimée	🧸 🧸		20 février
Alba	🧸		
Albane	🧸		
Albanie	🧸		
Albe	🧸		
Alberta	🧸		
Alberte	🧸 🧸		
Albertina	🧸		
Albertine	🧸		
Albina	🧸		

Albine	🧸	
Alda	🧸	26 avril
Aldegonde	🧸	
Alec	🧸 🧸	
Alégria	🧸	
Aléna	🧸	
Alette	🧸	4 avril
Alexandra	🧸 🧸 🧸	
Alexandrine	🧸	
Alexia	🧸	
Alexine	🧸	
Alexine-Lise	🧸	
Alfrèda	🧸	
Alfrède	🧸	
Alfrédine	🧸	
Alice	🧸 🧸 🧸	11 juin
Alice-Éva	🧸	
Alice-Hélène	🧸	
Alicia	🧸 🧸	
Alida	🧸	
Aliénor	🧸	

Aliette	🧸🧸	
Aline	🧸🧸🧸	20 octobre
Alison	🧸🧸	
Alissa	🧸	
Alix ⚥	🧸🧸	9 janvier
Alma	🧸🧸	
Alma-Louise	🧸	
Alma-Marie	🧸	
Alphonsine	🧸	
Alyne	🧸🧸	
Amalia	🧸	
Amanda	🧸	
Amandine	🧸	9 juillet
Amarante	🧸	
Amaryllis	🧸	
Ambre	🧸	
Ambroisine	🧸	
Amédée ⚥	🧸	27 août
Amélia	🧸🧸	
Amélie	🧸🧸	
Ana	🧸🧸	

Ana-Maria 🧸🧸

Ana-Paula 🧸🧸

Anabelle 🧸🧸

Anaïs 🧸

Anastasia 🧸

Anastasie 🧸   ⊕   10 mars

Anasthasie 🧸

Anatolie 🧸

Andréa 🧸🧸🧸

Andréa-Nathalie 🧸

Andréanne 🧸🧸

Andrée 🧸🧸🧸🧸

Andrée-Anne 🧸🧸

Andrée-Caroline 🧸

Andrée-Lise 🧸

Andrée-Luce 🧸

Andrée-Marguerite 🧸

Anémone 🧸

Ange-Aimée 🧸

Ange-Marie 🧸

Angéla 🧸🧸🧸

Angèle	🧸🧸🧸	⊕	27 janvier
Angélica	🧸🧸		
Angélina	🧸🧸		
Angéline	🧸🧸		
Angélique	🧸🧸		
Angelle	🧸		
Anick	🧸🧸🧸		
Anie	🧸🧸		
Anik	🧸🧸🧸		
Anika	🧸🧸		
Anita	🧸🧸🧸		
Ann	🧸🧸🧸		
Anna	🧸🧸🧸		
Anna-Maria	🧸🧸		
Anna-Marie	🧸		
Annabella	🧸		
Annabelle	🧸🧸		
Anne ⚥	🧸🧸🧸🧸	⊕	26 juillet
Anne-Andrée	🧸		
Anne-Bénédicte	🧸		
Anne-Chantal	🧸		

18 0

Anne-Claire 🧸
Anne-Claude 🧸 🧸
Anne-Denise 🧸
Anne-Fanny 🧸
Anne-France 🧸
Anne-Françoise 🧸
Anne-Gracieuse 🧸
Anne-Hélène 🧸
Anne-Isabelle 🧸
Anne-Josée 🧸 🧸
Anne-Karine 🧸
Anne-Kary 🧸
Anne-Laure 🧸
Anne-Line 🧸
Anne-Lise 🧸 🧸
Anne-Louise 🧸 🧸
Anne-Lucie 🧸 🧸
Anne-Lydie 🧸
Anne-Lyse 🧸
Anne-Madeleine 🧸
Anne-Manon 🧸

Anne-Marie	🧸 🧸 🧸 🧸
Anne-Marleine	🧸
Anne-Maryse	🧸
Anne-Michelle	🧸
Anne-Murielle	🧸
Anne-Pauline	🧸
Anne-Renée	🧸
Anne-Rose	🧸
Anne-Sandra	🧸
Anne-Sophie	🧸 🧸
Anne-Sylvie	🧸
Anne-Tamara	🧸
Anne-Véronique	🧸
Annelyse	🧸
Annette	🧸 🧸 🧸
Annick	🧸 🧸 🧸
Annick-Patricia	🧸
Annie	🧸 🧸 🧸 🧸
Annie-Chantale	🧸
Annie-Christine	🧸
Annie-Claire	🧸

Annie-Claude	🧸🧸		
Annie-Colette	🧸		
Annie-France	🧸		
Annie-Laurie	🧸		
Annie-Michèle	🧸		
Annig	🧸		
Annik	🧸🧸		
Annouk	🧸		
Anny	🧸🧸🧸		
Anouck	🧸		
Anouk	🧸🧸🧸		
Antoinette	🧸🧸🧸		28 février
Antonella	🧸		
Antonia	🧸🧸		
Antonietta	🧸🧸		
Antonine	🧸🧸		
Aphrodite	🧸		
Aphrodite-Daphnée	🧸		
Apolline	🧸	⊕	9 février
Ariane	🧸🧸🧸		18 septembre
Arianne	🧸		

Arielle	🧸
Arlène	🧸 🧸
Arléta	🧸
Arlette	🧸 🧸 🧸
Arlette-Hana	🧸
Arletty	🧸
Arline	🧸
Armanda	🧸
Armande	🧸 🧸
Armandine	🧸
Armela	🧸
Armeline	🧸
Armelle	🧸 🧸
Arminie	🧸
Artémise	🧸
Asseline	🧸
Assomption	🧸	15 août
Astrid	🧸 🧸
Astrid-Zita	🧸
Athéna	🧸
Athénaïs	🧸

Aube	🧸	
Aude	🧸 🧸	18 novembre
Aude-Emmanuelle	🧸	
Audette	🧸 🧸	
Audrey	🧸 🧸 🧸	23 juin
Audrie	🧸	
Augusta	🧸	
Augustine	🧸 🧸	
Aura	🧸	
Aurea	🧸	4 octobre
Aurélia	🧸	
Auréliane	🧸	
Aurélie	🧸 🧸	⊕ 15 octobre
Aurélienne	🧸	
Aurora	🧸	
Aurore	🧸 🧸	
Axelle	🧸	
Aymée	🧸	

Babette	🧸		
Barbara	🧸🧸🧸		
Barbara-Anne	🧸		
Barbara-Lynn	🧸		
Barbe	🧸	⊕	4 décembre
Bastienne	🧸		
Bathilde	🧸		30 janvier
Béatrice	🧸🧸🧸		13 février
Béatrix	🧸	⊕	
Béatriz	🧸🧸		
Beaudoine	🧸		
Beaudouine	🧸		
Bélinda	🧸🧸		
Béline	🧸		
Bella	🧸🧸		
Belle	🧸		
Bénédicte	🧸🧸		16 mars
Bénigne	🧸		

Benita	🧸	
Benjamine	🧸	
Benoîte	🧸 🧸	
Bérangère	🧸 🧸	
Bérengère	🧸	
Bérénice	🧸	4 février
Bergerette	🧸	
Bernadette	🧸 🧸 🧸	18 février
Bernarde	🧸	
Bernardine	🧸	
Bernice	🧸 🧸	
Bernise	🧸	
Berta	🧸	
Berteline	🧸	
Bertha	🧸	
Berthe	🧸 🧸 🧸	4 juillet
Berthe-Aline	🧸	
Berthilde	🧸	
Bertille	🧸	6 novembre
Bertrande	🧸 🧸	
Bertrane	🧸	

Béryl	🧸		
Besse	🧸		
Bessie	🧸		
Beth	🧸		
Bethzabée	🧸		
Bette	🧸		
Bettina	🧸🧸		
Betty	🧸🧸		
Beverley ⚥	🧸		
Beverly	🧸🧸		
Bianca	🧸🧸		
Bianka	🧸🧸		
Bibiane	🧸🧸🧸		2 décembre
Bibianne	🧸🧸		
Biella	🧸		
Blaisiane	🧸		
Blanca	🧸		
Blanche	🧸🧸	⊕	3 octobre
Blanche-Hélène	🧸		
Blandine	🧸🧸	⊕	2 juin
Bluette	🧸		

Bobbette	🧸	
Bonnie	🧸 🧸	
Brenda	🧸 🧸	
Brigide	🧸	⊕
Brigit	🧸 🧸	
Brigite	🧸 🧸	
Brigitte	🧸 🧸 🧸 🧸	⊕ 23 juillet
Brigitte-Anne	🧸	
Brigitte-Claude	🧸	
Bruna	🧸 🧸	
Brunehaut	🧸	
Brunehilde	🧸	
Brunella	🧸	
Brunelle	🧸	
Brunette	🧸	
Brunhilde	🧸	

C

Camélia	🧸		
Camilla	🧸🧸		
Camille ⚥	🧸🧸🧸	⊕	14 juillet
Camille-Marie	🧸		
Candice	🧸		
Candide ⚥	🧸🧸		3 octobre
Candy	🧸		
Cannelle	🧸		
Capucine	🧸		
Carina	🧸		
Carine	🧸🧸		7 novembre
Carla	🧸🧸		
Carline	🧸🧸		
Carlyne	🧸		
Carmela	🧸🧸		
Carmelle	🧸🧸🧸		
Carmen	🧸🧸🧸🧸		
Carmina	🧸		

Carmine	🧸🧸
Carol-Ann	🧸🧸
Carol-Francès	🧸
Carola	🧸
Carole	🧸🧸🧸🧸🧸
Carole-Ann	🧸
Carole-Anne	🧸
Carole-Christine	🧸
Carole-Line	🧸
Carole-Lyne	🧸
Carole-Lyse	🧸
Carolina	🧸🧸
Caroline	🧸🧸🧸🧸
Caroline-Nathalie	🧸
Caroline-Tonya	🧸
Caroll-Anne	🧸
Carolle	🧸🧸🧸
Carolyn	🧸🧸
Carolyne	🧸🧸🧸
Cassandra	🧸
Cassandre	🧸

Cassienne 🧸

Catalina 🧸

Caterina 🧸 🧸

Catheline 🧸 🧸

Catherine 🧸 🧸 🧸 🧸 ⊕ 24 mars

Catherine-Anne 🧸

Catherine-Isabelle 🧸

Catherine-Katia 🧸

Cathia 🧸

Cathie 🧸 🧸

Cathy 🧸 🧸 🧸

Cathy-Anne 🧸

Catia 🧸

Catie 🧸

Caty 🧸

Cécile 🧸 🧸 🧸 🧸 ⊕ 22 novembre

Cécile-Marie 🧸

Cécilia 🧸 🧸

Céciliane 🧸

Cécilie 🧸

Cécily 🧸

Cédrine		
Céleste ⚥		14 octobre
Célestina		
Célestine		
Célia		
Célie		
Célimène		
Célina		
Céline		21 octobre
Célinie		
Célyne		
Cendrillon		
Cendrine		
Cerise		
Cerisette		
Césarie		
Césarine		12 janvier
Chantal		
Chantal-Andrée		
Chantal-Lyne		
Chantal-Renée		

Chantale 🧸🧸🧸

Chantale-Marie 🧸

Charlaine 🧸

Charlène 🧸

Charlette 🧸

Charline 🧸🧸

Charlotte 🧸🧸🧸 17 juillet

Charlyne 🧸🧸

Charmaine 🧸

Chérie 🧸

Chéryl 🧸🧸

Chloé 🧸

Chris 🧸

Chrislaine 🧸

Christabelle 🧸

Christel 🧸

Christel-Marie 🧸

Christelle 🧸🧸

Christiana 🧸

Christiane 🧸🧸🧸🧸🧸 15 décembre

Christiane-Hortense 🧸

Christiane-Lisette	🧸
Christianne	🧸🧸
Christina	🧸🧸
Christine	🧸🧸🧸🧸🧸 ⊕ 24 juillet
Christine-Carole	🧸
Christine-Caroline	🧸
Christine-Marie	🧸
Christine-Paule	🧸
Christyne	🧸🧸
Chrystelle	🧸🧸
Chrystiane	🧸🧸
Chrystine	🧸🧸
Cindie	🧸
Cindy	🧸🧸
Claire	🧸🧸🧸🧸🧸 ⊕ 11 août
Claire-Andrée	🧸🧸
Claire-Ange	🧸
Claire-Anne	🧸
Claire-Dominique	🧸
Claire-France	🧸
Claire-Hélène	🧸

Claire-Jeanine 🧸

Claire-Lise 🧸

Claire-Luce 🧸

Claire-Lucie 🧸

Claire-Marie 🧸🧸

Clairette 🧸🧸

Clara 🧸🧸

Clarisse 🧸🧸 12 août

Claude ⚥ 🧸🧸🧸🧸🧸 🌐 15 février

Claude-Andrée 🧸🧸

Claude-Angèle 🧸

Claude-Anne 🧸

Claude-Hélène 🧸

Claude-Luce 🧸

Claude-Lucie 🧸

Claude-Marie 🧸

Claude-Mary 🧸

Claude-May 🧸

Claude-Virginie 🧸

Claudette 🧸🧸🧸🧸

Claudia 🧸🧸🧸

Claudia-Karine 🧸

Claudiane 🧸

Claudie 🧸 🧸 🧸

Claudie-Marie 🧸

Claudienne 🧸

Claudine 🧸 🧸 🧸 🧸

Claudinette 🧸

Claudy 🧸

Claudyne 🧸

Cléa 🧸

Clélia 🧸   13 juillet

Clélie 🧸

Clémence 🧸 🧸 🧸   21 mars

Clémente 🧸

Clémentine 🧸

Cléo 🧸

Cléopatre 🧸

Climène 🧸

Clio 🧸

Cloé 🧸

Clorinde 🧸

Clothilde	🧸	⊕	
Clotilde	🧸 🧸	⊕	4 juin
Colette	🧸 🧸 🧸		6 mars
Coline	🧸		
Colinette	🧸		
Collette	🧸 🧸		
Colombe	🧸 🧸 🧸		31 décembre
Colombine	🧸		
Conception	🧸	⊕	8 décembre
Conchita	🧸		
Connie	🧸 🧸		
Constance	🧸 🧸 🧸		8 avril
Constanta	🧸		
Constante	🧸		
Constantina	🧸		
Constantine	🧸		
Constanza	🧸		
Cora	🧸		
Cora-Lise	🧸		
Coralie	🧸		
Coraline	🧸		

Coralise	🧸
Cordélia	🧸
Corentine	🧸
Corine	🧸 🧸
Corinne	🧸 🧸 🧸
Cornélia	🧸
Cornélie	🧸
Cornélienne	🧸
Corrine	🧸
Cosette	🧸
Cristiane	🧸 🧸
Cristina	🧸 🧸
Cristine	🧸 🧸
Cunégonde	🧸
Cynthia	🧸 🧸 🧸
Cynthia-Ann	🧸
Cyprienne	🧸
Cyprille	🧸

Cunégonde — 13 juillet

Dagoberte	🧸
Dahlia	🧸
Daisy	🧸 🧸
Dalia	🧸
Dalida	🧸
Dalila	🧸
Damiana	🧸
Damiane	🧸
Damienne	🧸
Damiette	🧸
Dana	🧸 🧸
Danaé	🧸
Dania	🧸
Danie	🧸 🧸
Daniéla	🧸 🧸
Danièle	🧸 🧸 🧸 🧸
Daniella	🧸 🧸
Danielle	🧸 🧸 🧸 🧸 🧸

Danielle-Claude	🧸	
Danielle-France	🧸	
Danila	🧸	
Danny	🧸🧸🧸	
Dany	🧸🧸🧸	
Danyèle	🧸🧸	
Danyelle	🧸🧸	
Daphné	🧸🧸	
Daphnée	🧸🧸	
Darcy	🧸	
Darlène	🧸	
Darline	🧸	
Darquise	🧸🧸	
Davida	🧸	
Debbie	🧸🧸	
Debby	🧸	
Débora	🧸	
Déborah	🧸🧸	21 septembre
Délia	🧸	
Délima	🧸	
Delphine	🧸🧸	26 novembre

Déméter	🧸	
Denise	🧸 🧸 🧸 🧸 🧸	15 mai
Denise-Éliane	🧸	
Denise-Hélène	🧸	
Denyse	🧸 🧸 🧸	
Des-Neiges	🧸	
Desdémone	🧸	
Désidéria	🧸	
Désirée	🧸 🧸	
Diana	🧸 🧸 🧸	
Diane	🧸 🧸 🧸 🧸 🧸	9 juin
Diane-Alexis	🧸	
Diane-Alice	🧸	
Diane-Andrée	🧸	
Diane-Céline	🧸	
Diane-Chantale	🧸	
Diane-Christian	🧸	
Diane-Lucie	🧸	
Diane-Lyse	🧸	
Dianna	🧸	
Dianne	🧸 🧸	

Didacienne	🧸		
Didiane	🧸		
Dina	🧸 🧸		
Dine	🧸		
Dolly	🧸		
Dolorès	🧸 🧸 🧸		
Domenica	🧸		
Dominique ⚥	🧸 🧸 🧸 🧸 🧸	⊕	8 août
Dominique-Julie	🧸		
Domitienne	🧸		
Domitille	🧸		7 mai
Donalda	🧸		
Donatienne	🧸		
Donia	🧸 🧸		
Donna	🧸 🧸		
Donna-Marie	🧸		
Dora	🧸		
Doreen	🧸 🧸		
Doria	🧸		
Doriane	🧸 🧸		
Dorice	🧸 🧸		

Dorine	🐻	
Doris	🐻 🐻 🐻	
Doris-Louise	🐻	
Dorothée	🐻 🐻	6 février
Dorothy	🐻 🐻	
Douce	🐻	
Dyane	🐻 🐻	

Eda	🐻	
Edda	🐻	
Edé	🐻	
Edeline	🐻	
Édith	🐻 🐻 🐻	16 septembre
Édith-Kathie	🐻	
Edmée	🐻 🐻	
Edmonde	🐻	
Edna	🐻 🐻	
Édouardine	🐻	

Eduine	🧸	
Edwidge	🧸 🧸	
Edwige	🧸 🧸	⊕
Edwina	🧸	
Égide	🧸 🧸	
Églantine	🧸	
Egmonde	🧸	
Élaine	🧸 🧸 🧸 🧸	
Eleanor	🧸	
Électre	🧸	
Elen	🧸 🧸	
Éléna	🧸 🧸	
Élène	🧸 🧸	
Élénor	🧸	
Elénore	🧸	
Éléonora	🧸	
Éléonore	🧸 🧸	25 juin
Elfrid	🧸	
Elfrida	🧸	
Elga	🧸	
Elia	🧸	

43

Éliana	🧸🧸	
Éliane	🧸🧸🧸	
Éliette	🧸🧸	
Elina	🧸	
Éline	🧸	
Élisa	🧸🧸	
Elisabete	🧸🧸	
Élisabeth	🧸🧸🧸	⊕ 17 novembre
Élise	🧸🧸🧸	
Élise-Ginette	🧸	
Élise-Marie	🧸	
Eliza	🧸	
Elizabeth	🧸🧸🧸	
Élizabeth-Anne	🧸	
Ella	🧸	1er février
Ellen	🧸🧸	
Ellie	🧸	
Elma	🧸	
Élodie	🧸🧸	22 octobre
Éloïse	🧸🧸	
Elsa	🧸🧸	

Elsa-Marie	🧸		
Elseline	🧸		
Elsie	🧸 🧸		
Elsy	🧸		
Elvira	🧸 🧸		
Elvire	🧸		16 juillet
Elyette	🧸		
Élyse	🧸 🧸 🧸		
Émélie	🧸	⊕	
Émeline	🧸		27 octobre
Émelyne	🧸		
Émeraude	🧸		
Émilia	🧸		
Émilie	🧸 🧸		19 septembre
Émilienne	🧸 🧸		5 janvier
Émily	🧸 🧸		
Emma	🧸 🧸		19 avril
Emma-Christine	🧸		
Emmanuele	🧸 🧸		
Emmanuella	🧸		
Emmanuelle	🧸 🧸 🧸		

Emmeline

Emmelyne

Emmeranne

Engelberte

Enguerrande

Énimie

Énora

Épiphanie — 6 janvier

Éponine

Éréna

Érentrude

Ericka

Erika

Ermelinde

Ermengarde

Erminia

Erminie

Erna

Ernestine

Esméralda

Espérance

Estelle	🧸🧸🧸		11 mai
Ester	🧸		
Esthel	🧸		
Esthelle	🧸		
Esther	🧸🧸🧸		1er juillet
Estrella	🧸		
Ethel	🧸		
Étiennette	🧸🧸		
Eudora	🧸		
Eudoxie	🧸		1er mars
Eugénia	🧸🧸		
Eugénie	🧸🧸		24 décembre
Eulalie	🧸	🌐	10 décembre
Eunice	🧸		
Euphémie	🧸	🌐	
Euphrasie	🧸		
Euphrosyne	🧸		
Eurydice	🧸		
Éva	🧸🧸		6 septembre
Éva-Diane	🧸		
Éva-Marie	🧸		

Éva-Maude	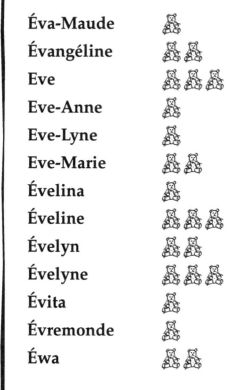
Évangéline	
Eve	
Eve-Anne	
Eve-Lyne	
Eve-Marie	
Évelina	
Éveline	
Évelyn	
Évelyne	
Évita	
Évremonde	
Éwa	

Fabiane	
Fabie	
Fabienne	
Fabiola	27 décembre

Fadia	🧸🧸	
Fadilla	🧸	
Fanchette	🧸	
Fanette	🧸	
Fannie	🧸🧸	
Fannie-Claude	🧸	
Fanny	🧸🧸	
Farah	🧸	
Farida	🧸🧸	
Fatiha	🧸🧸	
Fatima	🧸🧸	⊕
Faustina	🧸	
Faustine	🧸	
Fauvette	🧸	
Fédia	🧸	
Fédora	🧸	
Félicia	🧸	
Félicie	🧸	
Félicienne	🧸🧸	
Félicité	🧸	⊕ 7 mars
Fénella	🧸	

Ferdinande	🧸		
Fernanda	🧸 🧸		
Fernande	🧸 🧸 🧸		
Fiona	🧸 🧸		
Firmiane	🧸		
Firminie	🧸		
Firminienne	🧸		
Flaminia	🧸		
Flavia	🧸 🧸		
Flavie	🧸	⊕	7 mai
Flavienne	🧸		
Fleur	🧸		5 octobre
Fleur-Ange	🧸 🧸		
Fleurette	🧸 🧸 🧸		
Flor	🧸		
Flor-Maria	🧸		
Flora	🧸 🧸		24 novembre
Floraine	🧸		
Flore	🧸 🧸		
Florence	🧸 🧸 🧸	⊕	1er décembre
Florencia	🧸		

Florette 🧸
Floriane 🧸
Florine 🧸
Florise 🧸
Fortunée 🧸
Foy 🧸 ⊕ 6 octobre
Franca 🧸🧸
France 🧸🧸🧸🧸🧸
France-Andrée 🧸
France-Anne 🧸
France-Armelle 🧸
France-Claude 🧸
France-Eugénie 🧸
France-Évelyne 🧸
France-Glenn 🧸
France-Hélène 🧸
France-Isabelle 🧸
France-Julie 🧸
France-Line 🧸
France-Lise 🧸
France-Louise 🧸

France-Lucie 🧸

France-Lyne 🧸

France-Lynn 🧸

France-Yane 🧸

Franceline 🧸🧸

Francesca 🧸🧸

Francesse 🧸

Francette 🧸

Francina 🧸

Francine 🧸🧸🧸🧸🧸

Francine-Lise 🧸

Francine-Manon 🧸

Francisca 🧸🧸

Françoise 🧸🧸🧸🧸 ⊕ 9 mars

Francyne 🧸🧸🧸

Franka 🧸

Frannie 🧸

Franny 🧸

Frasquita 🧸

Fraya 🧸

Freda 🧸

Frédégonde 🧸
Frédérique ⚥ 🧸 🧸 🧸
Frédérique-Sophie 🧸
Frida 🧸   8 décembre
Fulvia 🧸
Fulvie 🧸
Fulvienne 🧸

G

Gabriela 🧸 🧸
Gabriella 🧸 🧸
Gabrielle 🧸 🧸 🧸
Gabrielle-Suzanne 🧸
Gaby ⚥ 🧸 🧸
Gaëlle 🧸 🧸
Gaétane 🧸 🧸 🧸
Gaétanne 🧸 🧸
Gala 🧸
Galia 🧸

Gasparde	🧸		
Gastone	🧸		
Gatienne	🧸		
Gelsomina	🧸		
Gemma	🧸🧸🧸		
Gène	🧸		
Gèneva	🧸		
Geneviève	🧸🧸🧸🧸	⊕	3 janvier
Geneviève-Évelina	🧸		
Gènevote	🧸		
Genny	🧸		
Gentiane	🧸		
Georgetta	🧸		
Georgette	🧸🧸🧸		15 février
Georgia	🧸		
Georgianne	🧸		
Georgie	🧸		
Georgina	🧸🧸		
Georgine	🧸		
Géraldine	🧸🧸		29 mai
Gérarda	🧸		

Gérarde	🧸	
Gérardine	🧸	
Germaine	🧸🧸🧸	⊕ 15 juin
Germana	🧸	
Gertrude	🧸🧸🧸	⊕ 16 novembre
Gervaise	🧸🧸	
Ghilaine	🧸	
Ghislaine	🧸🧸🧸🧸	
Ghisline	🧸🧸	
Ghylaine	🧸	
Ghyslaine	🧸🧸🧸	
Gianna	🧸	
Gigi	🧸	
Gilberta	🧸	
Gilberte	🧸🧸🧸	11 août
Gilda	🧸🧸	
Gillette	🧸	
Gilliane	🧸	
Gillianne	🧸	
Gina	🧸🧸🧸	
Ginelle	🧸	

Ginette	🧸🧸🧸🧸🧸	
Ginette-Élyse	🧸	
Ginette-Jacinthe	🧸	
Ginette-Renée	🧸	
Giovanna	🧸🧸	
Gisela	🧸	
Gisèle	🧸🧸🧸🧸	7 mai
Gisèle-Nathalie	🧸	
Gisella	🧸	
Giselle	🧸🧸	
Gislaine	🧸🧸	
Giuseppina	🧸	
Gladys	🧸🧸	29 mars
Gloria	🧸🧸🧸	
Glorianne	🧸	
Gloriette	🧸	
Godelive	🧸	
Godiva	🧸	
Grace	🧸🧸	21 août
Gracia	🧸🧸	
Graciela	🧸🧸	

Gracielle 🧸
Graciette 🧸
Gracieuse 🧸
Gratia 🧸🧸
Gratienne 🧸
Grazia 🧸🧸
Graziella 🧸🧸
Grégorine 🧸
Gréta 🧸
Grétel 🧸
Griselda 🧸
Griselidis 🧸
Gudule 🧸
Guenaëlle 🧸
Guenièvre 🧸
Guilaine 🧸🧸
Guilda 🧸
Guilène 🧸
Guillaumette 🧸
Guillemette 🧸
Guislaine 🧸

Gustavine

Guyanne

Guylaine

Guylène

Guyonne

Gwen   18 octobre

Gwenaële

Gwendoline   14 octobre

Gwendolyn

Gwenn

Gwénola

Gynette

Gysèle

Gyslaine

Hala

Halima

Hannelore

Harmonie	🧸		
Heather	🧸🧸		
Hectorine	🧸		
Hedi	🧸🧸		
Hedwidge	🧸	⊕	16 octobre
Heïdi	🧸🧸		
Helen	🧸🧸		
Héléna	🧸🧸		
Hélène	🧸🧸🧸🧸🧸	⊕	18 août
Hélène-Andrée	🧸		
Hélène-Élise	🧸		
Hélène-Irène	🧸		
Helga	🧸		
Hélia	🧸		
Héliette	🧸		
Hellen ♀♂	🧸		
Héloïse	🧸🧸		
Hénédine	🧸	⊕	
Henrielle	🧸		
Henrietta	🧸		
Henriette	🧸🧸🧸		

Nom		Date
Hermanne	🐻	
Hermeline	🐻	
Hermine	🐻	
Herminie	🐻	
Hermione	🐻	
Hilda	🐻🐻	17 novembre
Hildegarde	🐻	
Hoda	🐻🐻	
Honorine	🐻	27 février
Hortense	🐻🐻	
Hortensia	🐻	
Houda	🐻🐻	
Huberte	🐻🐻	
Hughette	🐻🐻	
Hugoline	🐻	
Huguette	🐻🐻🐻🐻	
Hyacinthe ⚥	🐻 ⊕	17 août

I

Ibrahima	🧸🧸	
Ida	🧸🧸	13 avril
Ida-Line	🧸	
Idalia	🧸	
Idalie	🧸	
Idaline	🧸	
Idola	🧸	
Idora	🧸	
Ilda	🧸	
Ildegarde	🧸	
Ildegonde	🧸	
Ilga	🧸	
Iliana	🧸	
Ilse	🧸	
Imelda	🧸🧸	
Immaculée	🧸	8 décembre
Incarnation	🧸	
Inès	🧸🧸	10 septembre

Inge		
Ingrid		2 septembre
Iolanda		
Iolande		
Iona		
Iphigénie		9 juillet
Ira		
Iréna		
Irène		5 avril
Irène-Ilona		
Irène-Suzy		
Irina		
Irina-Maria		
Iris		4 septembre
Irma		4 septembre
Irmine		
Isabeau		
Isabel		
Isabelle		22 février
Isabelle-Anne		
Isabelle-Claude		

Isabelle-Eugénie

Isabelle-Linda

Isabelle-Line

Isabelle-Nadine

Isadora

Iseult

Isis

Ismène

Isolde

Issa

Ivanne

Iveline

Ivette

Ivona

Ivonne

Izabel

J

Jacinte	🧸🧸	
Jacinthe	🧸🧸🧸🧸	30 janvier
Jacinthe-Nicole	🧸	
Jackie	🧸🧸	
Jackie-Claude	🧸	
Jacline	🧸🧸	
Jacobine	🧸	
Jacotte	🧸	
Jacqueline	🧸🧸🧸🧸	8 février
Jacquemine	🧸	
Jacquine	🧸	
Jacynte	🧸🧸	
Jacynthe	🧸🧸🧸	
Jade	🧸	
Jamie	🧸	
Jamila	🧸🧸	
Jane	🧸🧸	
Janelle	🧸🧸	

Janette	🧸🧸
Janice	🧸🧸
Janick	🧸🧸🧸
Janie	🧸🧸
Janina	🧸
Janine	🧸🧸🧸
Janique	🧸🧸🧸
Jannine	🧸
Jany	🧸🧸
Jasmina	🧸
Jasmine	🧸🧸🧸
Jasmyne	🧸
Javiéra	🧸
Javotte	🧸
Jayne	🧸
Jeanette	🧸
Jeanie	🧸
Jeanine	🧸🧸
Jeanna	🧸
Jeanne	🧸🧸🧸 ⊕ 30 mai
Jeanne-D'Arc	🧸🧸🧸

Jeanne-Lise 🐻

Jeanne-Mance 🐻🐻

Jeanne-Rolande 🐻

Jeannette 🐻🐻🐻

Jeannie 🐻🐻

Jeannine 🐻🐻🐻🐻

Jehanne 🐻

Jennifer 🐻🐻

Jenny 🐻🐻

Jessica 🐻🐻

Jessie 🐻🐻   4 novembre

Jézabel 🐻

Jo-Ann 🐻🐻

Jo-Anne 🐻🐻

Joane 🐻🐻🐻

Joanna 🐻🐻

Joanne 🐻🐻🐻🐻

Joanne-Emma 🐻

Joceline 🐻🐻

Jocelyne 🐻🐻🐻🐻🐻

Jocelyne-Gaétane 🐻

Jocelyne-Josée	🧸
Joëlle	🧸 🧸 🧸
Joëlle-Anne	🧸
Johane	🧸 🧸 🧸
Johanna	🧸 🧸
Johanne	🧸 🧸 🧸 🧸 🧸
Johanne-Marie	🧸
Johanne-Sylvie	🧸
Jolaine	🧸
Jolène	🧸 🧸
Josanne	🧸
Joscelyne	🧸 🧸
Josée	🧸 🧸 🧸 🧸 🧸
Josée-Anne	🧸
Josée-Claire	🧸
Josée-Doris	🧸
Josée-Louise	🧸
Josée-Valérie	🧸
Joselle	🧸
Josèphe	🧸
Joséphine	🧸 🧸

Josette 🧸🧸🧸

Josiane 🧸🧸🧸

Josianne 🧸🧸

Josie 🧸

Josseline 🧸

Josyane 🧸🧸

Josyanne 🧸

Jovette 🧸🧸

Jovianne 🧸

Juana 🧸🧸

Juanita 🧸🧸

Judith 🧸🧸🧸   5 mai

Judith-Ann 🧸

Judith-Eugénie 🧸

Judith-Marie 🧸

Judith-Renée 🧸

Judy ⚥ 🧸🧸

Julia 🧸🧸

Juliana 🧸🧸

Julianna 🧸

Julianne 🧸

Julie	🧸🧸🧸🧸🧸 ⊕	8 avril
Julie-Annie	🧸	
Julie-Christine	🧸	
Julie-Élaine	🧸	
Julie-Franka	🧸	
Julie-Patricia	🧸	
Julienne	🧸🧸🧸 ⊕	16 février
Julietta	🧸	
Juliette	🧸🧸🧸	18 mai
Junie	🧸🧸	
Junon	🧸	
Justa	🧸	
Justine	🧸🧸 ⊕	12 mars
Justinienne	🧸	
Jutta	🧸	

K

Karel	🧸
Karelle	🧸

Karen	🧸🧸🧸
Karen-Anne	🧸
Karina	🧸🧸
Karine	🧸🧸🧸
Kate	🧸
Kateline	🧸
Kateri	🧸🧸
Kateri-Hélène	🧸
Katerine	🧸🧸
Kathe	🧸
Katherine	🧸🧸🧸
Kathia	🧸🧸
Kathie	🧸🧸
Kathleen	🧸🧸🧸
Kathryn	🧸🧸
Kathy	🧸🧸🧸
Katia	🧸🧸🧸
Katie	🧸🧸
Katie-Line	🧸
Katty	🧸
Katy	🧸🧸

Kelly 🧸🧸

Kelly-Anne 🧸

Ketty 🧸

Ketty-Edwidge 🧸

Khadija 🧸🧸

Kim ⚥ 🧸🧸🧸

Kora 🧸

Koré 🧸

Kristina 🧸🧸

Kristine 🧸🧸

Laetitia 🧸🧸

Laïla 🧸🧸

Lamberte 🧸

Lamia 🧸

Lana 🧸🧸

Lara 🧸

Larissa 🧸

26 mars

Latifa	🧸 🧸	
Laude	🧸	
Laura	🧸 🧸 🧸	
Laura-Ann	🧸	
Lauraine	🧸 🧸	
Laurance	🧸	
Laure	🧸 🧸 🧸	19 octobre
Laure-Suzanne	🧸	
Laureanne	🧸 🧸	
Laureline	🧸	
Laurelle	🧸	
Laurelline	🧸	
Laurence	🧸 🧸 🧸	
Laurentia	🧸	
Laurentienne	🧸	
Laurette	🧸 🧸 🧸	
Lauriane	🧸	
Laurianne	🧸	
Laurie	🧸 🧸	
Laurie-Anne	🧸	
Léa	🧸 🧸	22 mars

Léandra 🧸

Léanne 🧸

Léda 🧸

Leïla 🧸 🧸

Léliane 🧸

Léna 🧸 🧸

Léocadia 🧸   9 décembre

Léona 🧸 🧸

Léone 🧸

Léonette 🧸 🧸

Léonie 🧸 🧸

Léonne 🧸

Léonor 🧸

Léonora 🧸

Léonore 🧸

Léontine 🧸 🧸

Léopoldine 🧸

Leslie 🧸 🧸

Leslie-Ann 🧸

Léta 🧸

Létitia 🧸

Leyla	🧸🧸
Liana	🧸
Liane	🧸🧸🧸
Lianne	🧸🧸
Libérata	🧸
Lida	🧸
Lidia	🧸🧸
Liette	🧸🧸🧸
Lili	🧸🧸
Lili-Anne	🧸
Lilia	🧸🧸
Lilian	🧸🧸
Liliana	🧸
Liliane	🧸🧸🧸
Lilianne	🧸🧸🧸
Lilly	🧸🧸
Lily	🧸🧸
Lily-Anne	🧸
Lima	🧸
Lina	🧸🧸🧸
Linda	🧸🧸🧸🧸🧸

28 août

Linda-Ann 🧸

Linda-Diane 🧸

Linda-Édith 🧸

Line 🧸🧸🧸🧸

Line-Estelle 🧸

Linette 🧸

Lisa 🧸🧸🧸

Lisane 🧸🧸

Lisanne 🧸🧸

Lisbeth 🧸

Lise 🧸🧸🧸🧸🧸

Lise-Agathe 🧸

Lise-Andrée 🧸🧸

Lise-Anna 🧸

Lise-Anne 🧸🧸

Lise-Claudine 🧸

Lise-Hélène 🧸

Lise-Mance 🧸

Lise-Marie 🧸🧸

Lise-Martine 🧸

Lise-Michelle 🧸

Liselotte	🧸
Lisette	🧸 🧸 🧸
Lisiane	🧸
Lisianne	🧸
Lison	🧸 🧸
Lissa	🧸 🧸
Livia	🧸
Livie	🧸
Liz	🧸
Liz-Anne	🧸
Liza	🧸 🧸
Lizanne	🧸 🧸
Lizbeth	🧸
Lizelle	🧸
Lizette	🧸 🧸
Lizianne	🧸
Lizon	🧸
Loïse	🧸
Lola	🧸 🧸
Lolita	🧸 🧸
Lora	🧸

Loraine	🧸🧸	
Lorée	🧸	
Loréna	🧸	
Lorène	🧸	
Loretta	🧸🧸	
Lorette	🧸🧸	⊕
Loriane	🧸	
Lorna	🧸🧸	
Lorraine	🧸🧸🧸🧸	⊕
Lotte	🧸	
Louisa	🧸🧸	⊕
Louisane	🧸	
Louise	🧸🧸🧸🧸🧸	⊕ 15 mars
Louise-Agnès	🧸	
Louise-Alys	🧸	
Louise-Andrée	🧸🧸	
Louise-Anne	🧸🧸	
Louise-Astrid	🧸	
Louise-Édith	🧸	
Louise-Éliane	🧸	
Louise-Gabrielle	🧸	

Louise-Hélène 🧸🧸

Louise-Luce 🧸

Louise-Lyne 🧸

Louise-Madeleine 🧸

Louise-Marie 🧸🧸

Louise-Michèle 🧸

Louise-Nicole 🧸

Louise-Odile 🧸

Louiselle 🧸🧸🧸

Louisette 🧸🧸🧸

Louisiane 🧸

Louison ⚥ 🧸🧸

Louyse 🧸🧸

Luce 🧸🧸🧸 ⊕

Luce-Élise 🧸

Lucette 🧸🧸🧸

Lucia 🧸🧸

Luciana 🧸🧸

Lucie 🧸🧸🧸🧸🧸 ⊕ 13 décembre

Lucie-Alice 🧸

Lucie-Anne 🧸

Lucie-Claire 🧸

Lucie-Denise 🧸

Lucie-Diane 🧸

Lucie-France 🧸

Lucie-Lise 🧸

Lucie-Marcelle 🧸

Lucie-Marie 🧸

Lucie-Pascale 🧸

Lucielle 🧸

Lucienne 🧸🧸🧸

Lucile 🧸🧸🧸

Luciliane 🧸

Lucilla 🧸

Lucille 🧸🧸🧸 16 février

Lucillienne 🧸

Lucinda 🧸

Lucine 🧸

Lucrèce 🧸 15 mars

Lucy 🧸🧸

Lude 🧸

Ludgère 🧸

Ludivine	🧸	14 avril
Ludmila	🧸	
Ludmilla	🧸	16 septembre
Luisa	🧸🧸	
Lulu ⚥	🧸	
Lusine	🧸	
Lutgarde	🧸	
Luz	🧸	
Lya	🧸	
Lydia	🧸🧸🧸	
Lydiane	🧸	
Lydie	🧸🧸	3 août
Lyette	🧸🧸🧸	
Lyn	🧸🧸	
Lyna	🧸🧸	
Lynda	🧸🧸🧸🧸	
Lynda-Ann	🧸	
Lynda-Patricia	🧸	
Lynda-Renée	🧸	
Lyne	🧸🧸🧸🧸🧸	
Lyne-Andrée	🧸	

Lyne-Louise	🧸
Lyne-Marie	🧸
Lynette	🧸
Lynn	🧸 🧸 🧸
Lynn-Susan	🧸
Lynne	🧸 🧸 🧸
Lynne-Anne	🧸
Lysa	🧸
Lysane	🧸 🧸
Lysanne	🧸 🧸
Lyse	🧸 🧸 🧸
Lyse-Ann	🧸
Lyse-Ghislaine	🧸
Lyse-Gisèle	🧸
Lyse-Marie	🧸
Lysette	🧸 🧸
Lysiane	🧸 🧸
Lysianne	🧸 🧸
Lyson	🧸

M

Mabelle	🧸
Macha	🧸
Maddie	🧸
Madelaine	🧸🧸
Madeleine	🧸🧸🧸🧸 ⊕
Madeleine-Maryse	🧸
Madeline	🧸🧸
Madelon	🧸
Madelyne	🧸
Mado	🧸
Madone	🧸🧸
Mafalda	🧸
Magali	🧸🧸🧸
Magalie	🧸🧸
Magaly	🧸🧸
Magda	🧸🧸
Magdala	🧸
Magdaléna	🧸🧸

Magdalène	🧸	
Magdeleine	🧸 🧸	
Maggie	🧸 🧸	
Maggy	🧸 🧸	
Mahault	🧸	
Mahaut	🧸	14 mars
Mahé ⚥	🧸	
Mai	🧸 🧸	
Maina	🧸	
Maïté	🧸 🧸	
Maja	🧸	
Majellaine	🧸	
Majorie	🧸	
Maléna	🧸	
Malika	🧸 🧸	
Malina	🧸	
Mance	🧸 🧸	
Manda	🧸	
Manon	🧸 🧸 🧸 🧸 🧸	
Manon-Rachel	🧸	
Manuela	🧸 🧸	

Manuelita	🐻		
Manuella	🐻		
Manuelle	🐻		
Mara	🐻		
Marcela	🐻🐻		
Marceline	🐻		
Marcella	🐻		
Marcelle	🐻🐻🐻		31 janvier
Marcelline	🐻	🌐	17 juillet
Marcia	🐻🐻		
Marcie	🐻		
Marcienne	🐻		
Marek	🐻🐻		
Margaret	🐻🐻🐻		
Margareth	🐻🐻		
Margarette	🐻		
Margarita	🐻🐻		
Margelaine	🐻		
Margerie	🐻		
Margie	🐻		
Margo	🐻🐻		

Margot	🧸🧸	
Margotton	🧸	
Margrït	🧸	
Marguerite	🧸🧸🧸	⊕ 12 janvier
Marguerite-Andrée	🧸	
Marguerite-Lise	🧸	
Maria	🧸🧸🧸	⊕
Maria-Élena	🧸	
Maria-Luisa	🧸🧸	
Mariam	🧸	
Mariana	🧸🧸	
Mariane	🧸🧸	
Mariane-Josée	🧸	
Marianick	🧸	
Marianna	🧸	
Marianne	🧸🧸🧸	9 juillet
Mariannick	🧸	
Maribelle	🧸	
Marica	🧸	
Marie	🧸🧸🧸🧸🧸	⊕ 1er janvier
Marie-Adèle	🧸	

Marie-Agnès 🐻

Marie-Aimée 🐻

Marie-Alice 🐻

Marie-Aline 🐻

Marie-Andrée 🐻🐻🐻

Marie-Ange 🐻🐻

Marie-Anick 🐻

Marie-Anik 🐻

Marie-Anna 🐻🐻

Marie-Anne 🐻🐻🐻

Marie-Annette 🐻

Marie-Annick 🐻🐻

Marie-Annik 🐻

Marie-Anouk 🐻

Marie-Armande 🐻

Marie-Antoinette 🐻🐻

Marie-Augustine 🐻

Marie-Aure 🐻

Marie-Aurore 🐻

Marie-Bénédicte 🐻

Marie-Bérénice 🐻

Marie-Bernadette 🧸

Marie-Bernard 🧸

Marie-Bernarde 🧸

Marie-Berthe 🧸 🧸

Marie-Betty 🧸

Marie-Blanche 🧸

Marie-Brigitte 🧸

Marie-Camille 🧸

Marie-Carline 🧸

Marie-Carmel 🧸 🧸

Marie-Carmelle 🧸

Marie-Carmen 🧸

Marie-Carole 🧸 🧸

Marie-Caroline 🧸

Marie-Carolle 🧸

Marie-Catherine 🧸 🧸

Marie-Cécile 🧸 🧸

Marie-Célie 🧸

Marie-Céline 🧸 🧸

Marie-Chantal 🧸 🧸 🧸

Marie-Chantale 🧸 🧸

Marie-Charlotte	🧸
Marie-Christiane	🧸🧸
Marie-Christine	🧸🧸🧸
Marie-Christyne	🧸
Marie-Chrystine	🧸
Marie-Claire	🧸🧸🧸
Marie-Clara	🧸
Marie-Claude	🧸🧸🧸🧸
Marie-Claudette	🧸
Marie-Claudine	🧸
Marie-Cléo	🧸
Marie-Colette	🧸
Marie-Constance	🧸
Marie-Danièle	🧸
Marie-Danielle	🧸🧸
Marie-Denise	🧸🧸
Marie-Diane	🧸🧸
Marie-Dominique	🧸🧸
Marie-Dorothy	🧸
Marie-Édith	🧸🧸
Marie-Edmée	🧸

Marie-Édouard 🧸

Marie-Élaine 🧸🧸

Marie-Élène 🧸

Marie-Élisabeth 🧸🧸

Marie-Élise 🧸🧸

Marie-Éliza 🧸

Marie-Élizabeth 🧸

Marie-Elsie 🧸

Marie-Elvire 🧸

Marie-Erneste 🧸

Marie-Estelle 🧸

Marie-Esther 🧸

Marie-Eunide 🧸

Marie-Eve 🧸🧸🧸

Marie-Félicité 🧸

Marie-Fernande 🧸

Marie-Fleurette 🧸

Marie-Flore 🧸

Marie-Fortune 🧸

Marie-France 🧸🧸🧸🧸

Marie-Francès 🧸

Marie-Francesca 🧸

Marie-Francine 🧸🧸

Marie-Françoise 🧸🧸

Marie-Françoyse 🧸

Marie-Fulvie 🧸

Marie-Gabrielle 🧸

Marie-Geneviève 🧸

Marie-Georgette 🧸

Marie-Gilles 🧸

Marie-Ginette 🧸

Marie-Gisèle 🧸

Marie-Gladys 🧸

Marie-Graziella 🧸

Marie-Hélène 🧸🧸🧸

Marie-Hermance 🧸

Marie-Hortense 🧸

Marie-Huguette 🧸

Marie-Irène-Aimée 🧸

Marie-Irma 🧸

Marie-Isabelle 🧸

Marie-Ismène 🧸

Marie-Janou 🧸

Marie-Jean 🧸

Marie-Jeanne 🧸🧸🧸

Marie-Jo 🧸

Marie-Jocelyne 🧸

Marie-Joëlle 🧸

Marie-Johanne 🧸🧸

Marie-José 🧸🧸🧸

Marie-Josée 🧸🧸🧸🧸

Marie-Josée-Monique 🧸

Marie-Joseph 🧸

Marie-Josèphe 🧸🧸

Marie-Josette 🧸

Marie-Josie 🧸

Marie-Julie 🧸🧸

Marie-Juliette 🧸

Marie-Karine 🧸

Marie-Ketty 🧸

Marie-Kristine 🧸

Marie-Laure 🧸🧸

Marie-Laurence 🧸

Marie-Léda	🧸
Marie-Leslie	🧸
Marie-Liette	🧸
Marie-Linda	🧸
Marie-Line	🧸🧸
Marie-Lisa	🧸
Marie-Lise	🧸🧸🧸
Marie-Lorraine	🧸
Marie-Lou	🧸
Marie-Louis	🧸
Marie-Louise	🧸🧸
Marie-Lourdes	🧸🧸
Marie-Lourdes-Laurence	🧸
Marie-Lucane	🧸
Marie-Luce	🧸🧸
Marie-Lucie	🧸🧸
Marie-Lucienne	🧸
Marie-Lucile	🧸
Marie-Luz	🧸
Marie-Lydia	🧸
Marie-Lynda	🧸

Marie-Lyne	🧸🧸	22 juillet
Marie-Lynne	🧸	
Marie-Lys	🧸	
Marie-Lyse	🧸🧸	
Marie-Madeleine	🧸🧸	
Marie-Mance	🧸	
Marie-Manon	🧸	
Marie-Marcelle	🧸	
Marie-Marguerite	🧸	
Marie-Mariette	🧸	
Marie-Marleine	🧸	
Marie-Marthe	🧸🧸🧸	
Marie-Martine	🧸🧸	
Marie-Maud	🧸	
Marie-Maude	🧸🧸	
Marie-May	🧸	
Marie-Michel	🧸	
Marie-Michèle	🧸🧸	
Marie-Michelle	🧸🧸	
Marie-Monique	🧸🧸	
Marie-Mirtho	🧸	

Marie-Mode 🐻

Marie-Mylène 🐻

Marie-Myrlande 🐻

Marie-Nadine 🐻

Marie-Nathalie 🐻

Marie-Nicole 🐻🐻

Marie-Noël 🐻

Marie-Noële 🐻

Marie-Noëlle 🐻🐻

Marie-Nycole 🐻

Marie-Odette 🐻

Marie-Odile 🐻🐻

Marie-Pacôme 🐻

Marie-Pascale 🐻🐻

Marie-Patricia 🐻

Marie-Paul 🐻

Marie-Paule 🐻🐻🐻

Marie-Pauleen 🐻

Marie-Paulette 🐻

Marie-Perle 🐻

Marie-Pia 🐻

Marie-Pier 🧸🧸
Marie-Pierre 🧸🧸🧸
Marie-Pilar 🧸
Marie-Raynalde 🧸
Marie-Régina 🧸
Marie-Reine 🧸🧸🧸
Marie-Renée 🧸🧸
Marie-Rhode 🧸
Marie-Rolande 🧸
Marie-Rose 🧸🧸
Marie-Sandra 🧸
Marie-Simone 🧸
Marie-Soeurette 🧸
Marie-Solange 🧸
Marie-Soleil 🧸
Marie-Solette 🧸
Marie-Sonia 🧸
Marie-Sophie 🧸
Marie-Stéphane 🧸
Marie-Stéphanie 🧸
Marie-Suzanne 🧸🧸

Marie-Suze 🧸

Marie-Suzie 🧸

Marie-Sylvie 🧸🧸

Marie-Thérèse 🧸🧸🧸   7 juin

Marie-Vania 🧸

Marie-Véronique 🧸

Marie-Willia 🧸

Marie-Yanick 🧸

Marie-Yannick 🧸

Marie-Yolande 🧸

Marie-Yolène 🧸

Marie-Yves 🧸

Marie-Yvette 🧸

Marie-Yvonne 🧸🧸

Marieke 🧸

Mariella 🧸

Marielle 🧸🧸🧸🧸

Mariette 🧸🧸🧸

Marika 🧸🧸

Marike 🧸

Marilena 🧸🧸

Marilène	🧸🧸	
Marilyn	🧸🧸	
Marilyne	🧸🧸	
Marilyse	🧸	
Marina	🧸🧸🧸	20 juillet
Marine	🧸	
Marinette	🧸	
Mariola	🧸	
Marion	🧸🧸	
Marisa	🧸🧸	
Marise	🧸🧸🧸	
Marisol	🧸🧸	
Marité	🧸	
Maritza	🧸🧸	
Marjo	🧸	
Marjolaine	🧸🧸🧸	
Marjolie	🧸	
Marjorie	🧸🧸🧸	
Marjorie-Josiane	🧸	
Marjory	🧸	
Marlaine	🧸🧸	

Marleine	🧸🧸	
Marlène	🧸🧸🧸	
Marline	🧸	
Marlise	🧸	
Marlyn	🧸🧸	
Marlyne	🧸🧸	
Marlyse	🧸	
Maroussia	🧸	
Marquita	🧸	
Marsha	🧸	
Marta	🧸🧸	
Martha	🧸🧸	
Marthe	🧸🧸🧸	⊕ 29 juillet
Marthe-Andrée	🧸	
Marthe-Irène	🧸	
Marthe-Léonie	🧸	
Marthe-Paule	🧸	
Martina	🧸	
Martine	🧸🧸🧸🧸🧸	⊕ 30 janvier
Martine-Andrée	🧸	
Martine-Ida	🧸	

Martyne 🧸🧸

Mary 🧸🧸

Mary-Andrée 🧸

Mary-Ann 🧸🧸

Mary-Jane 🧸

Mary-José 🧸

Mary-Lynn 🧸

Marye-Lynne 🧸

Marylaine 🧸

Marylène 🧸🧸🧸

Marylin 🧸

Maryline 🧸🧸

Marylise 🧸

Maryse 🧸🧸🧸🧸

Maryse-Annie 🧸

Maryse-Renée 🧸

Maryse-Ronald 🧸

Maryvonne 🧸🧸

Mata 🧸

Mathilda 🧸

Mathilde 🧸🧸   14 mars

Mathurine	🧸
Matilde	🧸 🧸
Maud	🧸 🧸
Maud-Ketty	🧸
Maude	🧸 🧸 🧸
Maudeline	🧸
Maura	🧸
Maureen	🧸 🧸
Maurelle	🧸
Maurette	🧸
Mauricette	🧸
Maurine	🧸
Maurizia	🧸
Mauve	🧸
Maveline	🧸
Maxence ⚥	🧸
Maxène	🧸
Maximilienne	🧸
Maxine	🧸 🧸
May	🧸 🧸
Maya	🧸 🧸

Maybelle	🧸	
Meg	🧸	
Mélanie	🧸🧸🧸	⊕ 26 janvier
Mélanie-Flavie	🧸	
Mélany	🧸	
Mélina	🧸	
Mélinda	🧸	
Méline	🧸	
Mélissa	🧸	
Melle	🧸	
Mélodie	🧸	
Mélodine	🧸	
Mélusine	🧸	
Mercédès	🧸🧸	
Meredith	🧸	
Méryem	🧸	
Messaline	🧸	
Mia	🧸	
Mia-Nathalie	🧸	
Michèle	🧸🧸🧸🧸🧸	
Michèle-Andrée	🧸	

Michèle-Anne 🧸

Michèle-Jocelyne 🧸

Michèle-Lise 🧸

Micheline 🧸🧸🧸🧸   19 juin

Micheline-Anne 🧸

Micheline-Joanne 🧸

Michelle 🧸🧸🧸

Michelle-Andrée 🧸

Michelle-Marie 🧸

Michelyne 🧸🧸

Mignonne 🧸

Mijanou 🧸

Mijanou-Ann 🧸

Mikette 🧸

Mila 🧸

Mildred 🧸   13 juillet

Miléna 🧸🧸

Milène 🧸

Milicent 🧸

Millie 🧸

Mimi 🧸🧸

Mina	🧸 🧸
Mira	🧸 🧸
Mirabelle	🧸
Mireille	🧸 🧸 🧸 🧸
Mireille-Lise	🧸
Mireille-Louise	🧸
Mirella	🧸 🧸
Mirelle	🧸 🧸
Mirette	🧸
Miriam	🧸 🧸 🧸
Mirlande	🧸
Mirlène	🧸
Mirna	🧸
Miryam	🧸
Mitsy	🧸
Mitzi	🧸
Modestie	🧸
Modestine	🧸
Moïra	🧸 🧸
Mona	🧸 🧸 🧸
Mona-Josée	🧸

Mona-Lyse

Monelle

Monette

Moni

Monia

Monic

Monica

Monick

Monie

Monik

Monika

Monique   27 août

Monique-Alice

Monique-Andrée

Monique-Michèle

Monique-Patricia

Mora

Morane

Mouna

Moune

Mounia

Mounira	🧸
Muguette	🧸 🧸
Muriel	🧸 🧸 🧸
Murielle	🧸 🧸 🧸
Musette	🧸
Mychèle	🧸 🧸
Mychelle	🧸 🧸
Myette	🧸
Myla	🧸
Mylaine	🧸
Mylène	🧸 🧸 🧸
Myonne	🧸
Myra	🧸
Myrande	🧸
Myreille	🧸 🧸
Myriam	🧸 🧸 🧸
Myriam-Nadège	🧸
Myriane	🧸 🧸
Myrianne	🧸
Myrielle	🧸 🧸
Myrlande	🧸 🧸

Myrlène	🧸
Myrna	🧸 🧸
Myrtha	🧸 🧸
Myrtille	🧸

Nabila	🧸	
Nada	🧸 🧸	
Nadège	🧸 🧸	18 septembre
Nadia	🧸 🧸 🧸	
Nadine	🧸 🧸 🧸	
Nadira	🧸	
Nadya	🧸 🧸	
Nadyne	🧸 🧸	
Naïk	🧸	
Naïla	🧸	
Naima	🧸 🧸	
Najiba	🧸	
Najima	🧸	

Nana	🧸	
Nancie	🧸🧸	
Nancy	🧸🧸🧸🧸	
Nancy-Lisa	🧸	
Nandy	🧸	
Nanette	🧸	
Nanouk	🧸	
Naomie	🧸	
Napoléone	🧸	
Nat	🧸	
Natacha	🧸🧸🧸	26 août
Natalia	🧸🧸	
Natalie	🧸🧸🧸	
Natalie-Anne	🧸	
Natalie-Catherine	🧸	
Natalie-Lynn	🧸	
Nataline	🧸	
Nataly	🧸🧸	
Natasha	🧸🧸	
Nathalia	🧸	
Nathalie	🧸🧸🧸🧸🧸	27 juillet

Nathalie-Andrée 🧸

Nathalie-Anne 🧸

Nathalie-Claude 🧸

Nathalie-Geneviève 🧸

Nathalie-Josiane 🧸

Nathalie-Josianne 🧸

Nathaly 🧸🧸

Nathanaëlle 🧸

Nefertiti 🧸

Nell-Anne 🧸

Nellie 🧸🧸

Nelly 🧸🧸

Nestorine 🧸

Nicette 🧸

Nicole 🧸🧸🧸🧸

Nicole-Céline 🧸

Nicole-Claude 🧸

Nicole-Édith 🧸

Nicolette 🧸

Nicolina 🧸🧸

Nicoline 🧸

Nicolle	🧸🧸	
Nina	🧸🧸	14 janvier
Ninette	🧸	
Ninon	🧸🧸🧸	15 décembre
Nita	🧸	
Noëla	🧸	
Noëlaine	🧸	
Noëlange	🧸	
Noëlla	🧸🧸🧸	
Noëlla-Louise	🧸	
Noëlle	🧸🧸	
Noëlle-Ange	🧸	
Noëlle-Marie	🧸	
Noëlline	🧸🧸	
Noémi	🧸	
Noémie	🧸	
Nola	🧸	
Nolwenn	🧸	
Nora	🧸🧸	
Nora-Marie	🧸	
Norberte	🧸	

Noreen 🧸
Noriane 🧸
Norma 🧸🧸🧸
Normande 🧸🧸🧸
Noura 🧸
Nycole 🧸🧸
Nymphe 🧸
Nynon 🧸

Océane 🧸
Octavie 🧸
Octavienne 🧸
Ode 🧸
Odeline 🧸
Odette 🧸🧸🧸🧸 20 avril
Odile 🧸🧸🧸 ⊕ 14 décembre
Odille 🧸
Odina 🧸

Odine	🧸	
Odyle	🧸	
Olga	🧸🧸🧸	11 juillet
Olga-Héléna	🧸	
Olga-Maria	🧸	
Olimpia	🧸	
Oliva	🧸	
Olive ⚥	🧸🧸	5 mars
Olivette	🧸🧸	
Olivia	🧸🧸	
Olivianne	🧸	
Olivine	🧸	
Olympe	🧸	
Olympia	🧸	
Ombeline	🧸	21 août
Ondine	🧸	
Opaline	🧸	
Ophélie	🧸	
Opportune	🧸	
Orane	🧸	
Orchidée	🧸	

Orégane

Oriane

Oriette

Orise

Osmonde

Oviette

Ozanne

P

Pacomette

Palma

Palmyre

Paloma

Paméla

Paola

Paquerette

Paquette

Paquita

Parise

Paryse	🧸🧸
Pascale	🧸🧸🧸🧸
Pascale-Andrée	🧸
Pascale-Dominique	🧸
Pascale-Esther	🧸
Pascale-Karine	🧸
Pascaline	🧸
Pascalle	🧸
Pascualina	🧸
Pasquale	🧸🧸
Patricia	🧸🧸🧸🧸
Patricia-Alexandra	🧸
Patricia-Ann	🧸
Patricia-Annick	🧸
Patricia-Claire	🧸
Patricia-France	🧸
Patricia-Julie	🧸
Patricia-Nelly	🧸
Patriciane	🧸
Patrizia	🧸🧸
Patsy	🧸

Paula	🧸🧸🧸		
Paule	🧸🧸🧸	⊕	26 janvier
Paule-Andrée	🧸		
Paule-Anny	🧸		
Paule-Josée	🧸		
Paule-Marie	🧸		
Paulène	🧸		
Paulette	🧸🧸🧸		
Paulette-Marie	🧸		
Paulina	🧸🧸		
Pauline	🧸🧸🧸🧸		
Pearl	🧸🧸		
Peggie	🧸		
Peggy	🧸🧸		8 janvier
Pélagie	🧸		8 octobre
Pénélope	🧸		
Perle	🧸		
Perlette	🧸		
Perline	🧸		
Pernelle	🧸		
Perpétue	🧸	⊕	7 mars

Perrette	🧸		
Pervenche	🧸		
Pétronella	🧸		
Pétronille	🧸	⊕	31 mai
Pétula	🧸		
Phèdre	🧸		
Philiberte	🧸		
Philippa	🧸		
Philippine	🧸		
Phillis	🧸		
Philomène	🧸 🧸		10 août
Phyllis ⚥	🧸 🧸		
Pia	🧸 🧸		
Pierrette	🧸 🧸 🧸 🧸		
Pierrette-Danielle	🧸		
Pola	🧸		
Pomone	🧸		
Praxède	🧸	⊕	
Primerose	🧸		
Priscilla	🧸 🧸		
Priscille	🧸 🧸		18 janvier

Priscillia 🧸

Prudence ⚥ 🧸 6 mai

Prune 🧸

Prunelle 🧸

Psyché 🧸

Pulchérie 🧸 10 septembre

Queenie 🧸

R

Rachel 🧸🧸🧸 15 janvier

Rachel-Marie 🧸

Rachèle 🧸🧸

Rachelle 🧸🧸🧸

Rachida 🧸🧸

Rachilde 🧸 23 novembre

Radegonde	🧸	
Rafaëlle	🧸	
Raffaele	🧸 🧸	
Raffaella	🧸 🧸	
Raja	🧸 🧸	
Ramona	🧸	
Rana	🧸	
Raphaëlle	🧸	
Raquel	🧸 🧸	
Raymonde	🧸 🧸 🧸	
Raymonde-Patricia	🧸	
Raynalde	🧸	
Rébecca	🧸 🧸	23 mars
Régina	🧸 🧸	
Régine	🧸 🧸 🧸	
Reina	🧸 🧸	
Reine	🧸 🧸 🧸	⊕ 7 septembre
Reine-Aimée	🧸	
Reine-Alice	🧸	
Reine-Claire	🧸	
Reine-Marie	🧸 🧸	

Réjane	🐻🐻🐻
Réjeanne	🐻🐻🐻
Réjeanne-Janou	🐻
Réna	🐻🐻
Rénaldine	🐻
Rénata	🐻
Rénate	🐻
Renaude	🐻
Renée	🐻🐻🐻🐻
Renée-Anne	🐻
Renée-Catherine	🐻
Renée-Christine	🐻
Renée-Claire	🐻
Renée-Claude	🐻🐻
Renée-Johanne	🐻
Renée-Lise	🐻
Renée-Louise	🐻
Renée-Madeleine	🐻
Renée-Paule	🐻
Renée-Pierre	🐻
Renelle	🐻🐻

Réséda	🧸	
Rhéa	🧸🧸	
Rhoda	🧸	
Rhodé	🧸	
Richarde	🧸	
Richardine	🧸	
Richelle	🧸	
Rima	🧸🧸	
Rina	🧸🧸	
Risette	🧸	
Rita	🧸🧸🧸 ⊕	22 mai
Rita-Gisèle	🧸	
Rita-Louise	🧸	
Rita-Marie	🧸	
Roberta	🧸	
Roberte	🧸🧸	
Robertine	🧸	
Rolande	🧸🧸🧸	13 mai
Rollande	🧸🧸🧸	
Rolline	🧸	
Roma	🧸	

Romaine	🧸	⊕	
Romane	🧸		
Romanie	🧸		
Romualdine	🧸		
Rona	🧸		
Rosa	🧸🧸		
Rosalia	🧸🧸		
Rosalie	🧸🧸	⊕	4 septembre
Rosalind	🧸		
Rosalinde	🧸		
Rosaline	🧸		
Rosane	🧸🧸		
Rosanna	🧸🧸		
Rosanne	🧸🧸🧸		
Rosaria	🧸🧸		
Rosaura	🧸🧸		
Rose	🧸🧸🧸	⊕	23 août
Rose-Aimée	🧸🧸		
Rose-Aline	🧸🧸		
Rose-Alma	🧸		
Rose-Andrée	🧸🧸		

Rose-Ange 🧸
Rose-Ann 🧸
Rose-Anne 🧸 🧸
Rose-Annette 🧸
Rose-Blanche 🧸
Rose-Hélène 🧸 🧸
Rose-Josette 🧸
Rose-Laure 🧸
Rose-Lise 🧸
Rose-Lore 🧸
Rose-Lyne 🧸
Rose-Lys 🧸
Rose-Mai 🧸
Rose-Marie 🧸 🧸 🧸
Rose-Micheline 🧸
Rose-Mirelene 🧸
Rose-Nicole 🧸
Rose-Noëlle 🧸
Rose-Yolette 🧸
Rosée 🧸
Roseline 🧸 🧸 🧸   17 janvier

Rosella	🧸	
Roselle	🧸 🧸	
Roselyne	🧸 🧸 🧸	
Rosemarie	🧸 🧸	
Rosemonde	🧸	30 avril
Rosetta	🧸	
Rosette	🧸 🧸	
Rosianne	🧸	
Rosie	🧸	
Rosina	🧸	
Rosine	🧸 🧸	11 mars
Rosita	🧸 🧸	
Rosy	🧸	
Roxana	🧸 🧸	
Roxane	🧸 🧸 🧸	
Roxanne	🧸 🧸 🧸	
Rozanne	🧸	
Rozenn	🧸	
Ruth	🧸 🧸 🧸	
Ruth-Élizabeth	🧸	
Ruth-Odette	🧸	

S

Name				Date
Saada	🧸			
Sabina	🧸 🧸			
Sabine	🧸 🧸 🧸	⊕	29 août	
Sabrina	🧸 🧸			
Saby	🧸			
Sabyn	🧸			
Sabyne	🧸			
Saida	🧸			
Salima	🧸			
Sally	🧸 🧸			
Salomé	🧸		22 octobre	
Salvatrice	🧸			
Salwa	🧸 🧸			
Samantha	🧸			
Samia	🧸 🧸			
Samira	🧸 🧸			
Sandi	🧸			
Sandie	🧸			

Nom	Oursons	Globe	Date
Sandra	🧸🧸🧸		
Sandra-Dalhie	🧸		
Sandra-Sara	🧸		
Sandrine	🧸🧸🧸		2 avril
Sandrine-Carole	🧸		
Sandy	🧸🧸		
Sara	🧸🧸		9 octobre
Sara-Raphaëlle	🧸		
Sarah	🧸🧸🧸		
Sarah-Ann	🧸		
Sarah-Liz	🧸		
Scholastique	🧸	⊕	10 février
Sébastienne	🧸		
Selma	🧸🧸		
Sendy	🧸		
Séraphine	🧸	⊕	
Séréna	🧸		
Sergiane	🧸		
Sergine ⚥	🧸		
Sévériane	🧸		
Séverine	🧸🧸		

Sharon	🐻🐻
Sheila	🐻🐻
Shérazade	🐻
Sherley	🐻🐻
Sherry	🐻
Shirley	🐻🐻🐻
Sibylle	🐻	9 octobre
Sidonie	🐻	14 novembre
Sigrid	🐻
Silva	🐻
Silvaine	🐻
Silvana	🐻🐻
Silvane	🐻
Silvia	🐻🐻
Silvie	🐻🐻
Siméone	🐻
Simone	🐻🐻🐻
Simone-Marie	🐻
Simonne	🐻🐻
Sissi	🐻
Sofia	🐻🐻

Nom	Ours		Date
Solange	🧸🧸🧸🧸		10 mai
Solange-Yvette	🧸		
Solanges	🧸🧸		
Solédad	🧸		
Solène ⚥	🧸		
Soline	🧸		17 octobre
Solveig	🧸		
Sonia	🧸🧸🧸🧸		18 septembre
Sonya	🧸🧸🧸		
Sophia	🧸🧸		
Sophia-Karine	🧸		
Sophie	🧸🧸🧸🧸	⊕	25 mai
Sophie-Andrée	🧸		
Sophie-Anne	🧸		
Sophie-Annick	🧸		
Sophie-Geneviève	🧸		
Sophie-Hélène	🧸		
Sophie-Lise	🧸		
Sophie-Louise	🧸		
Sophie-Lyne	🧸		
Sophie-Michèle	🧸		

Sophy	🧸
Stéfane	🧸🧸
Stéfanie	🧸🧸
Stella	🧸🧸
Stella-Maris	🧸
Stéphane ⚥	🧸🧸🧸🧸🧸
Stéphanie	🧸🧸🧸
Stéphanie-Katia	🧸
Stéphanie-Louise	🧸
Susan	🧸🧸🧸
Susana	🧸🧸
Susanna	🧸
Susanne	🧸🧸
Susie	🧸🧸
Susy	🧸🧸
Suzan	🧸🧸
Suzane	🧸🧸
Suzanna	🧸
Suzanne	🧸🧸🧸🧸🧸 11 août
Suzanne-Andrée	🧸
Suzanne-Hélène	🧸

Suzanne-Marie 🐻

Suzanne-Renée 🐻

Suze 🐻🐻

Suzel 🐻🐻

Suzelle 🐻🐻

Suzette 🐻🐻🐻

Suzie 🐻🐻🐻

Suzon 🐻🐻

Suzy 🐻🐻🐻

Svetlana 🐻 20 mars

Swann ⚥ 🐻

Sybil 🐻

Sybille 🐻

Sylphide 🐻

Sylva 🐻🐻

Sylvaine 🐻🐻

Sylvana 🐻

Sylvane 🐻

Sylvette 🐻🐻

Sylvia 🐻🐻🐻

Sylviane 🐻🐻🐻

Sylvianne	🧸🧸	
Sylvie	🧸🧸🧸🧸🧸	5 novembre
Sylvie-Alma	🧸	
Sylvie-Andrée	🧸	
Sylvie-Ann	🧸	
Sylvie-Anne	🧸🧸	
Sylvie-Béatrice	🧸	
Sylvie-Élise	🧸	
Sylvie-Michelle	🧸	
Sylvie-Noëlle	🧸	
Sylvine	🧸🧸	
Symphorienne	🧸	
Symphorine	🧸	
Symphorose	🧸	

T

Tamar	🧸	
Tamara	🧸🧸	1er mai
Tana	🧸	

Nom		Fête
Tanagra	🧸	
Tania	🧸 🧸	
Tanya	🧸 🧸	
Tara	🧸	
Tatia	🧸	
Tatiana	🧸 🧸	12 janvier
Térésa	🧸 🧸	
Teresina	🧸	
Tessa	🧸	17 décembre
Thaïs	🧸	
Thalia	🧸	
Théa	🧸	
Thècle	🧸	⊕ 24 septembre
Thelma	🧸	
Théodora	🧸	
Théodorine	🧸	
Théodosie	🧸	
Thérésa	🧸 🧸	
Thérèse	🧸 🧸 🧸 🧸	⊕ 1er octobre
Thérèse-Éva	🧸	
Thérèse-Suzanne	🧸	

Tiffanie 🧸

Tiffany 🧸

Tina 🧸🧸

Tina-Louise 🧸

Tiphaine 🧸

Toinette 🧸

Tonia 🧸

Toussainte 🧸

Tracy 🧸🧸

Tristane 🧸

Trude 🧸

Tulliane 🧸

U

Ulla 🧸

Ulrica 🧸

Urane 🧸

Ursula 🧸🧸

Ursule 🧸🧸 ⊕ 21 octobre

Valentine	🧸🧸🧸	25 juillet
Valéria	🧸	
Valériane	🧸	
Valérie	🧸🧸🧸	28 avril
Valérie-Anouk	🧸	
Valérie-Hélène	🧸	
Valérie-Marie	🧸	
Valérienne	🧸	
Valéry-Sandrine	🧸	
Vanessa	🧸🧸	
Vanina	🧸	
Venise	🧸🧸	
Vénus	🧸	
Véra	🧸	18 septembre
Véridiane	🧸	1er février
Verna	🧸	
Véronica	🧸🧸	
Véronique	🧸🧸🧸	⊕ 4 février

Vicenta 🐻

Vick 🐻

Vicki 🐻 🐻

Vickie 🐻 🐻

Vicky ⚥ 🐻 🐻 🐻

Victoire 🐻 🐻   🌐 15 novembre

Victoria 🐻 🐻

Victorienne 🐻

Victorine 🐻 🐻

Vilma 🐻 🐻

Vinciane 🐻   11 septembre

Vincianne 🐻

Viola 🐻 🐻

Violaine 🐻 🐻 🐻

Violet 🐻

Violetta 🐻

Violette 🐻 🐻

Virginia 🐻 🐻

Virginie 🐻 🐻 🐻   7 janvier

Virginie-Claire 🐻

Vitalina 🐻

Vittoria 🧸🧸

Vivette 🧸

Viviana 🧸🧸

Viviane 🧸🧸🧸   2 décembre

Viviane-Marie 🧸

Vivianne 🧸🧸

Vivienne 🧸

W

Wanda 🧸🧸

Wendy 🧸🧸

Whilhelmine 🧸

Wilhelmine 🧸

Wylma 🧸

X

Xaviéra 🧸

Xavière 🧸

Y

Yacine	🧸	
Yael	🧸🧸	
Yaela	🧸	
Yaèle	🧸	
Yahia	🧸	
Yamina	🧸	
Yanna	🧸	
Yasmine	🧸🧸	
Yohanna	🧸	
Yola	🧸🧸	
Yola-Aurore	🧸	
Yolaine	🧸🧸🧸	
Yolanda	🧸🧸	
Yolande	🧸🧸🧸🧸	11 juin
Yolande-Rachel	🧸	
Yolène	🧸🧸	
Yolette	🧸🧸	
Yollande	🧸	

Ysabelle	🧸🧸	
Yseult	🧸🧸	
Ysoline	🧸	
Yvanna	🧸	
Yvanne	🧸🧸	
Yveline	🧸	
Yvette	🧸🧸🧸	13 janvier
Yvonne	🧸🧸🧸	
Yvonne-Sylvie	🧸	

Z

Zahra	🧸🧸	
Zakia	🧸	
Zélie	🧸	17 octobre
Zénobie	🧸	
Zéphirine	🧸	
Zéra	🧸	
Zérane	🧸	
Zita	🧸	27 avril

Zoa	🐻	
Zoé	🐻 🐻	2 mai
Zoelie	🐻	
Zoeline	🐻	
Zoelle	🐻	
Zozimène	🐻	
Zulma	🐻	
Zunilda	🐻	

SAVIEZ-VOUS QUE...

Utilisation des prénoms

Soixante pour cent des prénoms ne sont utilisés que par 2 % de la population mais plus de 60 % de la population n'utilise que 2 % des prénoms. Il y a, en d'autres termes, un petit nombre de prénoms qui sont très populaires et, à l'inverse, la plupart des prénoms trouvent rarement preneurs...

Deux pour cent de l'ensemble des prénoms, cela correspond à, *grosso modo*, une trentaine de prénoms. En ajoutant à cette liste une autre trentaine de prénoms, on connaîtrait 80 % des gens!

Utilisation des prénoms composés

Notre étude des prénoms nous montre que parmi les personnes s'exprimant en français, environ 90 % de celles-ci portent des prénoms simples et moins de 10 % seulement des prénoms composés.

Utilisation de plusieurs prénoms

Les prénoms composés s'écrivent, en français, avec le trait d'union. L'utilisation de plusieurs prénoms, à l'américaine, sans trait d'union, est rare mais elle se rencontre parfois. Les combinaisons les plus fréquentes sont sensiblement les mêmes que pour les prénoms composés. Seul le prénom de Jeanne d'Arc est nettement plus fréquent sans trait d'union.

Signification du code de fréquence

Les catégories de fréquence ont une signification qui peut vous permettre d'étonner votre entourage. La voici:

Catégorie	*Explication*
1 ourson	Prénom à peu près inconnu, les gens ont tendance à sursauter en l'entendant; on le rencontre 1 fois sur 100 000 ou moins.
2 oursons	Prénom déjà entendu, mais on demandera souvent de l'épeler; on le rencontre 1 fois sur 10 000 environ.
3 oursons	On connaît tous déjà des personnes portant ce prénom; on le rencontre 1 fois sur 1 000.
4 oursons	Prénom généralement présent dans votre entourage immédiat, que vous rencontrerez de 3 à 5 fois sur 1 000.
5 oursons	Prénom présent à plusieurs exemplaires dans votre entourage immédiat, 1 fois sur 100 en moyenne.

Prénoms les plus populaires

Quel est le prénom féminin le plus utilisé aujourd'hui? Sylvie. Quels sont les cent les plus populaires? En voici la liste:

Aline	Doris	Liette	Michelle
Andrée	Édith	Liliane	Mireille
Anne	Élaine	Linda	Monique
Annie	Élise	Line	Myriam
Brigitte	France	Lise	Nadine
Carmen	Francine	Lisette	Nancy
Carole	Françoise	Lorraine	Nathalie
Caroline	Geneviève	Louise	Nicole
Catherine	Ghislaine	Luce	Odette
Cécile	Ginette	Lucie	Pascale
Céline	Gisèle	Lucille	Patricia
Chantal	Guylaine	Lynda	Pauline
Chantale	Hélène	Lyne	Pierrette
Christiane	Huguette	Madeleine	Rachel
Christine	Isabelle	Manon	Raymonde
Claire	Jacinthe	Marcelle	Renée
Claudette	Jacqueline	Marguerite	Rita
Claudine	Jeanne	Marie	Sandra
Colette	Jeannine	Marielle	Solange
Danièle	Joanne	Mariette	Sonia
Danielle	Jocelyne	Marthe	Sophie
Denise	Johanne	Martine	Suzanne
Denyse	Josée	Maryse	Sylvie
Diane	Judith	Michèle	Thérèse
Dominique	Julie	Micheline	Yolande

Attention, il s'agit ici des prénoms les plus utilisés au cours des dernières années. Cela ne veut pas dire qu'ils seront toujours les plus populaires pour les nouveau-nés.

Fréquence des prénoms composés

Le plus populaire des prénoms composés est Marie-Josée. C'est d'autant plus impressionnant que la variante Marie-José figure également dans cette liste!

Voici la liste des cinquante prénoms composés les plus utilisés:

Anna-Maria	Marie-Claude	Marie-Marthe
Anne-Louise	Marie-Danielle	Marie-Michèle
Anne-Marie	Marie-Dominique	Marie-Nicole
Jeanne-D'Arc	Marie-Élaine	Marie-Noëlle
Jeanne-Mance	Marie-Eve	Marie-Pascale
Jo-Ann	Marie-France	Marie-Paule
Jo-Anne	Marie-Françoise	Marie-Pierre
Lise-Anne	Marie-Hélène	Marie-Reine
Louise-Marie	Marie-Jeanne	Marie-Renée
Marie-Andrée	Marie-José	Marie-Rose
Marie-Ange	Marie-Josée	Marie-Sylvie
Marie-Anne	Marie-Laure	Marie-Thérèse
Marie-Berthe	Marie-Line	Renée-Claude
Marie-Cécile	Marie-Lise	Rose-Aimée
Marie-Chantal	Marie-Louise	Rose-Marie
Marie-Christine	Marie-Luce	Sylvie-Anne
Marie-Claire	Marie-Lyne	

On peut se demander, au sujet des prénoms composés, lequel est le plus souvent combiné à un autre. Eh bien! c'est Marie, et de très loin, puis Anne, Louise, Andrée, Lise, France, Rose et Claire.

Longueur des prénoms

Pour les filles, on préférera les prénoms de taille moyenne, soit entre 5 et 8 caractères. La longueur moyenne est de 7 caractères, comme dans Danièle ou Michèle, mais la plus populaire est de 6 caractères, comme dans Sylvie.

Les prénoms très courts, de 3 et 4 caractères, et ceux que l'on peut considérer comme longs, à 10 caractères ou plus, sont évidemment plus rares. Il y a cependant, parmi ceux qui ont 3 ou 4 caractères, des prénoms populaires, mais cela ne se présente pas dans les noms les plus longs.

Liste des prénoms les plus courts

Quels sont, pour les amateurs de prénoms courts, ceux qui sont utilisés? Les voici:

Ada	Kim	Pia	Anna	Cora
Ana	Léa	Zoa	Anne	Dana
Ann	Liz	Zoé	Anny	Dany
Eda	Luz	Aéla	Aube	Dina
Edé	Lya	Aida	Aude	Dine
Éva	Lyn	Alba	Aura	Dora
Eve	Mai	Albe	Beth	Edda
Éwa	May	Alda	Caty	Edna
Foy	Meg	Alec	Cléa	Elen
Iba	Mia	Alma	Cléo	Elga
Ida	Nat	Anie	Clio	Elia
Ira	Ode	Anik	Cloé	Ella

Elma	Isis	Liza	Mona	Rosa
Elsa	Issa	Lola	Moni	Rose
Elsy	Jade	Lora	Mora	Rosy
Emma	Jane	Luce	Myla	Ruth
Erna	Jany	Lucy	Myra	Saby
Flor	Judy	Lude	Nada	Sara
Gaby	Kate	Lyna	Naïk	Susy
Gala	Katy	Lyne	Nana	Suze
Gène	Kora	Lynn	Nina	Suzy
Gigi	Koré	Lysa	Nita	Tana
Gina	Lana	Lyse	Nola	Tara
Gwen	Lara	Mado	Nora	Théa
Hala	Léda	Mahé	Olga	Tina
Hedi	Léna	Maja	Pola	Ulla
Hoda	Léta	Mara	Raja	Véra
Ilda	Lida	Mary	Rana	Vick
Ilga	Lili	Mata	Réna	Yael
Ilse	Lily	Maud	Rhéa	Yola
Inès	Lima	Maya	Rima	Zéra
Inge	Lina	Mila	Rina	Zita
Iona	Line	Mimi	Rita	
Iris	Lisa	Mina	Roma	
Irma	Lise	Mira	Rona	

Seuls Lyne (et Line), Lise et Anne sont très utilisés parmi ces prénoms. La plupart sont cependant peu ou très peu utilisés. On remarquera d'autre part qu'une partie d'entre eux sont d'origine étrangère.

Liste des prénoms les plus longs

On s'intéresse aux longs prénoms. Voici la liste de ceux qui ont 10 caractères et plus:

Alphonsine	Édouardine	Margarette
Ambroisine	Emmanuella	Margelaine
Anasthasie	Emmanuelle	Marguerite
Antoinette	Engelberte	Mariannick
Antonietta	Ermengarde	Marjolaine
Assomption	Étiennette	Mauricette
Aurélienne	Euphrosyne	Octavienne
Beaudouine	Évangéline	Paquerette
Bergerette	Félicienne	Pascualina
Bernadette	Ferdinande	Patricianne
Bernardine	Franceline	Pétronella
Brunehilde	Frédégonde	Pétronille
Cendrillon	Frédérique	Philiberte
Chrislaine	Georgianne	Philippine
Christelle	Giuseppina	Priscillia
Christiana	Griselidis	Richardine
Christiane	Gwendoline	Romualdine
Chrystelle	Hildegarde	Salvatrice
Chrystiane	Jacqueline	Symphorine
Claudienne	Jacquemine	Symphorose
Clémentine	Laurelline	Théodorine
Conception	Léopoldine	Toussainte
Didacienne	Magdeleine	Valérienne
Domitienne	Majellaine	Wilhelmine
Donatienne	Marcelline	Alexandrine

Christianne	Guillemette	Whilhelmine
Claudinette	Incarnation	Christabelle
Constantina	Justinienne	Guillaumette
Constantine	Lucillienne	Laurentienne
Cornélienne	Nathanaëlle	Maximilienne
Enguerrande	Sébastienne	Scholastique
Firminienne	Victorienne	Symphorienne

Dans cette liste, on remarquera que seuls les prénoms de Jacqueline et Christiane sont très utilisés, la plupart étant peu connus ou très anciens.

Noms de localités

Il y a plus de 500 localités québécoises dont l'appellation contient un prénom féminin. Il s'agit le plus souvent de noms formés avec le préfixe Sainte, mais aussi avec des préfixes géographiques comme Rivière dans Rivière-la-Madeleine, ou Cap dans Cap-de-la-Madeleine ou encore Ville dans Ville-Marie, ou avec des suffixes, comme Centre dans Madeleine-Centre!

Prénoms mixtes

On a recensé 27 prénoms utilisés autant pour une fille que pour un garçon. Quels sont-ils?

Alix	Frédérique	Maxence
Amédée	Gaby	Olive
Anne	Hellen	Phyllis
Beverley	Hyacinthe	Prudence
Camille	Judy	Sergine
Candide	Kim	Solène
Céleste	Louison	Stéphane
Claude	Lulu	Swann
Dominique	Mah	Vicky

BIBLIOGRAPHIE

Besnard, P. & G. Desplanques, *Un prénom pour toujours*, Le Livre de Poche.

Corinte, Paul, *La vraie vie des prénoms*, M. A. Éditions, Collection Guides Marabout, Paris, 1982.

Englebert, Omer, *La fleur des Saints - 1910 prénoms et leur histoire*, Éditions Albin Michel, Paris, 1984.

Grisé-Allard, Jeanne, *1500 prénoms et leur signification*, Le Jour, Éditeur, Montréal, 1973.

Le Rouzic, Pierre, *Un prénom pour la vie*, Éditions Albin Michel, Paris, 1978.

Mercier, Claude, *Les prénoms, un choix pour l'avenir*, Éditions Marabout, Collection Marabout Service, Belgique, 1979.

Raguin, C. & P. Raguin, *L'officiel des prénoms d'Europe*, Éditions Marabout, Alleur (Belgique), 1993.

Stanké, Louis, *Un prénom pour toujours*, Les Éditions de Mortagne, Collection Mortagne Poche, Boucherville, 1992.

Vinel, André, *Le livre des prénoms selon le nouveau calendrier*, Éditions Albin Michel, Paris, 1972.

C'EST UN GARÇON!

Daniel Gagnon

C'EST UN GARÇON!

LE DICTIONNAIRE DES PRÉNOMS MASCULINS

Les Éditions
LOGIQUES

LOGIQUES est une maison d'édition agréée par les organismes d'État responsables de la culture et des communications.

Révision linguistique : Margot Sangorrin
Mise en pages : Philippe Langlois
Couverture : Christian Campana

Distribution au Canada :
Logidisque inc., 1225, rue de Condé, Montréal (Québec) H3K 2E4
Téléphone : (514) 933-2225 • télécopieur : (514) 933-2182

Distribution en France :
La Procure, 3, rue de Mézières, 75006 Paris
Téléphone : (33) 1 45 48 20 25

Distribution en Belgique :
Vander Éditeur, avenue des Volontaires, 321, 13-1150 Bruxelles
Téléphone : (32-2) 762-9804 • télécopieur : (32-2) 762-0662

Distribution en Suisse :
Diffusion Transat s.a., route des Jeunes, 4 ter. C.P. 125, 1211 Genève 26
Téléphone : (022) 342-7740 • télécopieur : (022) 343-4646

Les Éditions LOGIQUES
1247, rue de Condé, Montréal (Québec) H3K 2E4
Téléphone : (514) 933-2225 • télécopieur : (514) 933-3949

C'EST UN GARÇON!

ISBN 2-89381-279-1
LX-238

INTRODUCTION

Si notre patronyme indique d'où nous venons et souligne notre appartenance à une famille, à une communauté, à une société, notre prénom, lui, nous identifie et marque notre différence. Pour nombre d'entre nous, le prénom constitue une indication de notre personnalité, une façon de revendiquer notre place.

Dans toutes les civilisations, on comprend l'importance du prénom, et on ne choisit pas ce dernier à la légère. Chez certains peuples, les parents vont jusqu'à glisser dans le prénom les qualités qu'ils désirent voir apparaître chez leur enfant ou des signes d'appartenance à une religion ou à un groupe social. Ailleurs, certaines sociétés sont moins permissives et vont jusqu'à restreindre, par la loi ou les coutumes, les choix possibles.

La situation est plus simple dans la francophonie, où l'on s'arrête généralement à un prénom parce qu'il nous plaît depuis très longtemps – n'aurait-on pas d'ailleurs voulu le porter soi-même? – , parce qu'il évoque un être cher ou, tout simplement, à cause de sa musicalité. Croyances religieuses ou non, vous voudrez peut-être accorder le prénom à celui du saint du jour. Et, si vous êtes un fan, il se peut que vous souhaitiez choisir un prénom qui rappelle la vedette de l'heure!

Toutes les raisons, toutes les manières de choisir sont bonnes, y compris les suggestions parfois fantaisistes des amis ou de la parenté. Mais le principal

critère pour la plupart des gens semble être celui de la simplicité, de l'euphonie et un sentiment général que le prénom «lui» va bien.

En revanche, les parents aimeraient savoir à quelle fréquence a été utilisé le prénom qui retient leur attention.

Si vous êtes en panne d'inspiration, consultez ce répertoire très varié et laissez-vous porter par la sonorité des prénoms au hasard de la lecture du livre. *C'est un garçon!* a été conçu pour permettre de le faire de la manière la plus agréable possible.

C'est un garçon! présente une liste de 2 143 prénoms dont – et c'est unique! – 843 prénoms composés. *C'est un garçon!* est le seul livre à donner également un indice de la fréquence d'utilisation des prénoms au cours des 25 dernières années[1]. Il indique, s'il y a lieu, la date de la fête religieuse associée à chaque prénom, ce qui vous permettra, si vous le désirez, de choisir en fonction de la date de naissance. Enfin, les curieux trouveront les prénoms ayant servi à composer le nom de certaines villes, certains lieux et certains pays; certains rendent hommage à un saint ou à un fondateur. Tous sont identifiés en conséquence par un symbole particulier représentant un petit globe terrestre (⊕).

La liste est présentée par ordre alphabétique. La fréquence au cours des 25 dernières années est

---

1. Pour établir cet indice, l'auteur a fait l'échantillonnage des prénoms de 250 000 francophones à partir d'un registre constitué au cours des 25 dernières années.

INTRODUCTION

indiquée par le nombre d'oursons, qui peut varier de 1 ourson pour très peu utilisé, 2 oursons pour les prénoms que l'on retrouve peu, 3 oursons pour ceux qui sont assez fréquents, 4 oursons pour des prénoms que l'on donne plus fréquemment et 5 oursons pour les plus populaires. Le symbole du sexe masculin et féminin est utilisé pour noter les prénoms qui conviennent également à une fille ou à un garçon (♀♂).

Si vous attendez une petite fille, c'est bien simple: l'ouvrage que vous consultez actuellement est réversible! Il vous suffit donc de le retourner afin de découvrir des milliers de prénoms féminins.

Et pour piquer votre curiosité, ou pour en savoir plus, consultez la partie centrale de cet ouvrage.

LÉGENDE

☿ Prénom convenant à une fille
ou à un garçon

**Fréquence des prénoms
au cours des 25 dernières années**

🧸 Très peu fréquent

🧸🧸 Peu fréquent

🧸🧸🧸 Assez fréquent

🧸🧸🧸🧸 Fréquent

🧸🧸🧸🧸🧸 Très fréquent

⊕ Prénom associé
à un lieu géographique

Date Indique la date d'anniversaire
du saint patron

12

A

Aaron		1er juillet
Abdallah		
Abdelaziz		
Abdelkader		
Abdellatif		
Abel		5 août
Abélard		
Abelin		
Abigaïl		
Abondance		
Abraham		20 décembre
Acace		31 mars
Achaire		
Achille		15 mai
Adalbald		
Adalbert		
Adam		
Adamo		

Adanet	🧸	
Adel	🧸🧸	
Adélard	🧸	
Adelin	🧸	
Adelmar	🧸	
Adelme	🧸	⊕
Adelphe	🧸	⊕ 11 septembre
Adéodat	🧸	
Adhémar	🧸	
Adnet	🧸	
Adolphe	🧸🧸	⊕ 30 juin
Adrian	🧸🧸	
Adriano	🧸	
Adrien	🧸🧸🧸	⊕ 8 septembre
Aël	🧸	
Agapit	🧸	⊕ 18 août
Agathon	🧸	
Agénor	🧸	
Ahmed	🧸🧸🧸	21 août
Aimable	🧸	
Aimé	🧸🧸	⊕ 13 septembre

Aimé-Pierre	🧸	
Aimeric	🧸	
Aimery	🧸	
Alain	🧸🧸🧸🧸🧸	⊕ 9 septembre
Alain-André	🧸	
Alain-Arthur	🧸	
Alain-Bernard	🧸	
Alain-Frédéric	🧸	
Alain-Guy	🧸	
Alain-Jacques	🧸	
Alain-Louis	🧸	
Alain-Martin	🧸	
Alain-Michel	🧸	
Alain-Philippe	🧸	
Alain-Richard	🧸	
Alain-Robert	🧸	
Alain-Yves	🧸	
Alan	🧸🧸	
Albain	🧸	
Alban	🧸🧸	⊕ 22 juin
Albéric	🧸	

Albert	🧸🧸🧸	⊕	15 novembre
Albert-Édouard	🧸		
Alberto	🧸🧸		
Albin	🧸		1er mars
Alcibiade	🧸		
Alcide	🧸🧸		
Aldebert	🧸		
Aldemar	🧸		
Aldéric	🧸		
Aldo	🧸🧸		
Alessandro	🧸🧸		
Alex	🧸🧸🧸		
Alexandre	🧸🧸🧸	⊕	22 avril
Alexis	🧸🧸	⊕	17 février
Alfonso	🧸🧸		
Alfred	🧸🧸🧸	⊕	15 août
Alfred-Charles	🧸		
Alfredo	🧸🧸		
Algis	🧸		
Ali	🧸🧸🧸		
Alin	🧸		

Alix ⚥	🧸🧸		9 janvier
Allan	🧸🧸		
Alphonse	🧸🧸	⊕	1er août
Alphonse-Hugues	🧸		
Alphonsin	🧸		
Alrick	🧸		
Alyre	🧸		
Amable	🧸	⊕	18 octobre
Amadeo	🧸		
Amadou	🧸🧸		
Amal	🧸🧸		
Ambroise	🧸	⊕	7 décembre
Ambrose	🧸		
Amé	🧸		
Amédée ⚥	🧸		27 août
Amilcar	🧸		
Amos	🧸🧸	⊕	31 mars
Anaclet	🧸	⊕	
Anasthase	🧸		
Anatole	🧸		3 février
André	🧸🧸🧸🧸🧸	⊕	30 novembre

André-Anne

André-Bernard

André-Bertrand

André-Daniel

André-Gilles

André-Guy

André-Henri

André-Jacques

André-Jean

André-Louis

André-Luc

André-Michel

André-Napoléon

André-Paul

André-René

André-Robert

André-Roch

André-Samir

André-Stanislas

André-Yves

Andréas

Andrew	🧸🧸		
Andy	🧸		
Ange	🧸		5 mai
Ange-Albert	🧸		
Ange-Émile	🧸		
Angel	🧸🧸		
Angelo	🧸🧸		
Anicet	🧸	⊕	17 avril
Anis	🧸		
Anne ⚥	🧸🧸🧸🧸	⊕	26 juillet
Anselme	🧸	⊕	21 avril
Anselme-Marie	🧸		
Anthime	🧸		
Anthony	🧸🧸		
Antoine	🧸🧸🧸	⊕	13 juin
Antoine-François	🧸		
Antoine-René	🧸		
Antoine-Serge	🧸		
Antoine-Wilfrid	🧸		
Anton	🧸🧸		
Antoni	🧸		

Antonin	🧸🧸	⊕	2 mai
Antonio	🧸🧸🧸		
Apollinaire	🧸	⊕	12 septembre
Apollon	🧸		
Arcade	🧸		1er août
Archibald	🧸		
Ardouin	🧸		
Ariel	🧸🧸		
Aristarque	🧸		
Aristide	🧸		31 août
Aristote	🧸		
Aristotèle	🧸		
Armand	🧸🧸🧸	⊕	8 juin
Armandin	🧸		
Armel	🧸		16 août
Armel-André	🧸		
Armel-Étienne	🧸		
Armelin	🧸		
Arnaud	🧸🧸		10 février
Arnold	🧸🧸		14 août
Arnould	🧸		18 juillet

Arsène	🧸🧸	🌐	19 juillet
Arsène-Dylan	🧸		
Arthur	🧸🧸🧸		15 novembre
Aryan-Alfred	🧸		
Asmodée	🧸		
Asselin	🧸		
Athanase	🧸	🌐	2 mai
Attila	🧸		
Aubert	🧸🧸	🌐	10 septembre
Aubin	🧸		1er mars
Aubry	🧸		
Audran	🧸		
Auguste	🧸🧸		29 février
Augustin	🧸	🌐	27 mai
Aurèle	🧸🧸		27 juillet
Aurélien	🧸🧸		16 juin
Axel	🧸		

Balthazar			
Baptiste			24 juin
Barnabas			
Barnabé		⊕	11 juin
Barry			
Barthélémy		⊕	24 août
Bartholomé			
Bartolomé			
Basil			
Basile		⊕	2 janvier
Bastien			
Baud			
Baudoin			
Baudouin			17 octobre
Beau			
Beaudoin			
Beaudouin			
Béla-André			

Belkacem	🧸🧸		
Ben	🧸		
Bénédetto	🧸		
Bénédict	🧸		
Benito	🧸		
Benjamin	🧸🧸	⊕	31 mars
Benoist	🧸		
Benoît	🧸🧸🧸🧸🧸	⊕	11 juillet
Benoit-Guy	🧸		
Benoit-Marc	🧸		
Benoit-Pierre	🧸		
Benvenuto	🧸		
Béranger	🧸		
Berchmans	🧸		
Bérenger	🧸		26 mai
Bernard	🧸🧸🧸🧸🧸	⊕	15 juin
Bernard-André	🧸		
Bernard-François	🧸		
Bernard-Marie	🧸		
Bernard-Paul	🧸		
Bernardin	🧸		20 mai

Nom		Fête
Bernardo		
Berthier		
Berthold		
Bertillon		
Bertin		5 septembre
Bertram		
Bertran		
Bertrand		16 octobre
Beverley ⚥		
Bienvenu		30 octobre
Bill		
Billy		
Blaise	⊕	3 février
Blas		
Bob		
Bobbie		
Bobby		
Bona		
Bonaventure	⊕	15 juillet
Boniface	⊕	5 juin
Boris		2 mai

Boubacar	🧸🧸		
Brahim	🧸🧸		
Brett	🧸		
Brian	🧸🧸🧸		
Brice	🧸🧸		13 novembre
Brieux	🧸		1er mai
Bruce	🧸🧸		
Bruneau	🧸		
Bruno	🧸🧸🧸🧸	⊕	6 octobre
Bruno-William	🧸		
Brutus	🧸		
Bryan	🧸🧸		
Bryant	🧸		

C

Cajetan	🧸	⊕	
Calixte	🧸		14 octobre
Callixte	🧸	⊕	
Camil	🧸🧸		

Camille ⚥	🧸🧸🧸	⊕	14 juillet
Candide ⚥	🧸🧸		3 octobre
Canut	🧸	⊕	19 janvier
Carl	🧸🧸🧸		
Carl-Éric	🧸		
Carl-Eugène	🧸		
Carl-Patrick	🧸		
Carlo	🧸🧸🧸		
Carlos	🧸🧸🧸		
Carmel	🧸🧸		
Carol	🧸🧸🧸		
Carrol	🧸🧸		
Casimir	🧸	⊕	4 mars
Caspar	🧸		
Cassien	🧸	⊕	
Cécil	🧸		
Cédric	🧸		
Cedrick	🧸		
Céleste ⚥	🧸		14 octobre
Célestin	🧸	⊕	19 mai
Célien	🧸		

Césaire	🧸	⊕	26 août
César	🧸🧸		
César-Jésus	🧸		
Champlain	🧸	⊕	
Charlemagne	🧸	⊕	
Charles	🧸🧸🧸🧸	⊕	2 mars
Charles-Albert	🧸		
Charles-André	🧸🧸		
Charles-Armand	🧸		
Charles-Auguste	🧸		
Charles-Bernard	🧸		
Charles-Daniel	🧸		
Charles-Émile	🧸		
Charles-Éric	🧸		
Charles-Étienne	🧸		
Charles-Eugène	🧸		
Charles-Henri	🧸🧸		
Charles-Jean	🧸		
Charles-Mathieu	🧸		
Charles-Michel	🧸		
Charles-Octave	🧸		

Charles-Philippe 🐻

Charles-Pierre 🐻

Charles-René 🐻

Charles-Yvan 🐻

Charley 🐻

Charlie 🐻

Charlot 🐻

Charly 🐻

Christ 🐻

Christen 🐻

Christian 🐻🐻🐻🐻🐻   12 novembre

Christian-Emmanuel 🐻

Christian-Laurier 🐻

Christian-Louis 🐻

Christian-Marie 🐻

Christian-Pierre 🐻

Christophe 🐻🐻🐻   21 août

Christopher 🐻🐻

Christos 🐻

Chrysostome 🐻   ⊕

Chrystian 🐻🐻

Clair	🧸	8 novembre
Clarence	🧸🧸	⊕
Clarence-Adolphe	🧸	
Claude ⚥	🧸🧸🧸🧸🧸 ⊕	15 février
Claude-André	🧸	
Claude-Antoine	🧸	
Claude-Bernard	🧸	
Claude-Constant	🧸	
Claude-Denys	🧸	
Claude-Émil	🧸	
Claude-Éric	🧸	
Claude-Étienne	🧸	
Claude-Guy	🧸	
Claude-Hector	🧸	
Claude-Henri	🧸	
Claude-Marc	🧸	
Claude-Michel	🧸	
Claude-Raymond	🧸	
Claude-Sébastien	🧸	
Claude-Yves	🧸	
Claudel	🧸🧸	

Claudien	🐻		
Claudio	🐻🐻		
Claudius	🐻		
Clément	🐻🐻🐻	⊕	23 novembre
Clément-Pierre	🐻		
Cléophas	🐻	⊕	
Clermont	🐻🐻		
Clet	🐻	⊕	26 avril
Clodomir	🐻		
Clotaire	🐻		
Cloud	🐻		
Clovis	🐻🐻		
Colas	🐻		
Colin	🐻🐻		
Colin-Alexandre	🐻		
Collin	🐻		
Colomban	🐻	⊕	23 novembre
Côme	🐻🐻	⊕	26 septembre
Conrad	🐻🐻🐻		26 novembre
Constant	🐻🐻	⊕	23 septembre
Constantin	🐻🐻		21 mai

Corentin	🧸		12 décembre
Corneille	🧸		
Cornélien	🧸		
Cornélius	🧸		
Cosme	🧸		
Crépin	🧸		
Cristian	🧸 🧸		
Cristobal	🧸		
Cuthbert	🧸	⊕	29 novembre
Cyprien	🧸	⊕	16 septembre
Cyr	🧸	⊕	
Cyr-Marc	🧸		
Cyrano	🧸		
Cyriac	🧸	⊕	8 août
Cyriaque	🧸		8 août
Cyril	🧸 🧸		
Cyrille	🧸 🧸	⊕	14 février
Cyrus	🧸		

Dagobert	🧸		
Dagomar	🧸		
Damase	🧸	⊕	11 décembre
Damian	🧸		
Damien	🧸🧸	⊕	26 septembre
Dan	🧸🧸	⊕	
Daniel	🧸🧸🧸🧸🧸	⊕	11 décembre
Daniel-Aimé	🧸		
Daniel-André	🧸		
Daniel-Denis	🧸		
Daniel-Guy	🧸		
Daniel-Jean	🧸		
Daniel-Laurent	🧸		
Daniel-Nicolas	🧸		
Daniel-Pierre	🧸		
Daniélou	🧸		
Dante	🧸		
Dany-Charles	🧸		

Dario	🧸🧸		
Darius	🧸		
Dave	🧸🧸		
David	🧸🧸🧸	⊕	29 décembre
David-Aimé	🧸		
David-Lee	🧸		
David-Thierry	🧸		
David-William	🧸		
Davidou	🧸		
Davis	🧸		
Démètre	🧸		
Denis	🧸🧸🧸🧸🧸	⊕	9 octobre
Denis-Alexandre	🧸		
Denis-André	🧸		
Denis-Claude	🧸		
Denis-Jacques	🧸		
Denis-Jean	🧸		
Denis-Joseph	🧸		
Denis-Laurent	🧸		
Denis-Marie	🧸		
Denis-Pierre	🧸		

Nom	Oursons		Date
Denis-Rémi	🐻		
Denis-Serge	🐻		
Dennis	🐻 🐻		
Denys	🐻 🐻 🐻		
Déric	🐻		
Désiré	🐻 🐻		8 mai
Desneiges	🐻 🐻		
Dick	🐻		
Didace	🐻	⊕	13 novembre
Didier	🐻 🐻 🐻		23 mai
Didyme	🐻		
Dié	🐻		
Diego	🐻 🐻		
Dietrich	🐻		
Dietter	🐻		
Dieudonné	🐻 🐻		10 août
Dimitri	🐻 🐻		26 octobre
Dino	🐻 🐻		
Diogène	🐻		
Diomède	🐻		
Dirk	🐻		

Dollard	🧸🧸	⊕	
Domenico	🧸🧸		
Dominic	🧸🧸🧸		
Dominik	🧸🧸		
Dominique ♀♂	🧸🧸🧸🧸🧸	⊕	8 août
Dominique-Alain	🧸		
Domitien	🧸		
Donald	🧸🧸🧸		15 juillet
Donat	🧸	⊕	7 août
Donatien	🧸🧸		24 mai
Donato	🧸		
Dorval	🧸	⊕	
Dorys	🧸🧸		
Douglas	🧸🧸		
Driss	🧸🧸		
Duncan	🧸		

ℰ

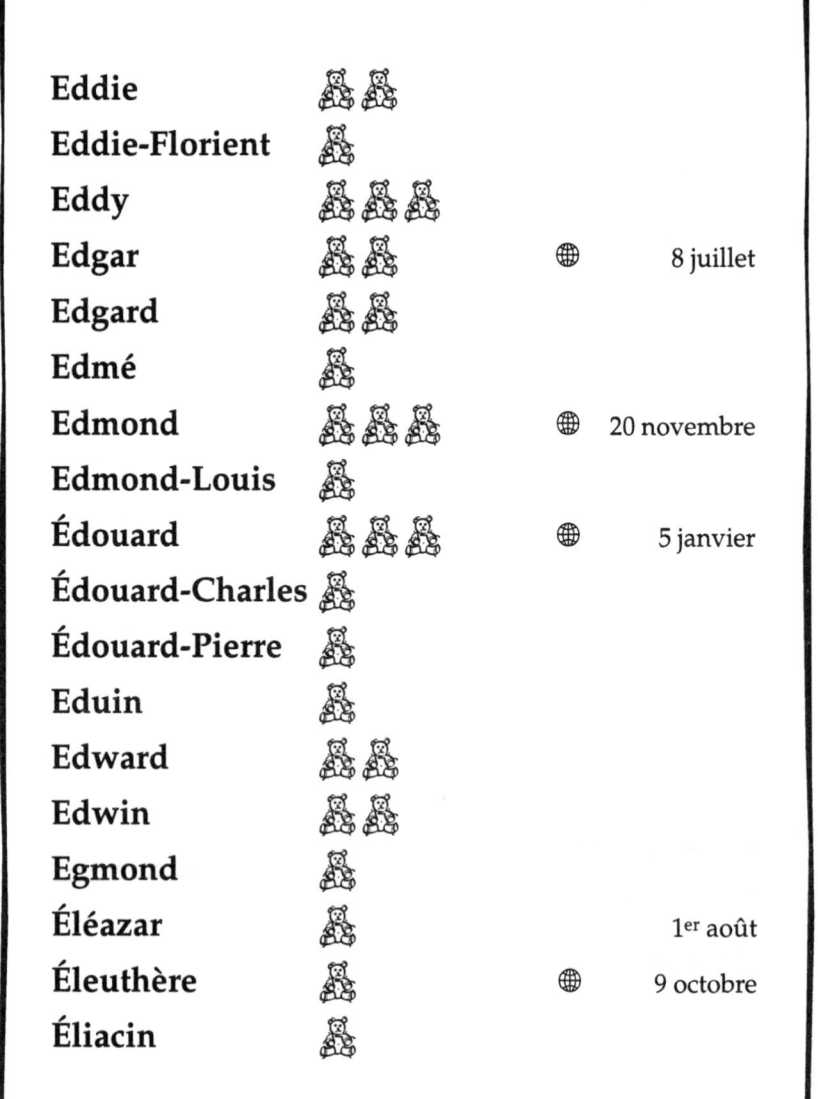

Eddie	🧸🧸		
Eddie-Florient	🧸		
Eddy	🧸🧸🧸		
Edgar	🧸🧸	⊕	8 juillet
Edgard	🧸🧸		
Edmé	🧸		
Edmond	🧸🧸🧸	⊕	20 novembre
Edmond-Louis	🧸		
Édouard	🧸🧸🧸	⊕	5 janvier
Édouard-Charles	🧸		
Édouard-Pierre	🧸		
Eduin	🧸		
Edward	🧸🧸		
Edwin	🧸🧸		
Egmond	🧸		
Éléazar	🧸		1er août
Éleuthère	🧸	⊕	9 octobre
Éliacin	🧸		

Élian	🧸		
Elias	🧸🧸		
Élias-Georges	🧸		
Élie	🧸🧸🧸	🌐	20 juillet
Élie-Harvey	🧸		
Éliézer	🧸		
Élisée	🧸		14 juin
Éloi	🧸🧸	🌐	1er décembre
Elphège	🧸	🌐	12 mars
Elvis	🧸		
Elzéar	🧸	🌐	27 septembre
Émanuel	🧸		
Émeric	🧸		
Émil	🧸		
Émile	🧸🧸🧸	🌐	22 mai
Émile-Nicholas	🧸		
Émilien	🧸🧸		12 novembre
Émilio	🧸🧸		
Emmanuel	🧸🧸🧸		25 décembre
Emmeran	🧸		
Engelbert	🧸		

Engelmond	🧸	
Engérand	🧸	
Enguerrand	🧸	25 octobre
Énock	🧸 🧸	
Énogat	🧸	
Enrico	🧸 🧸	
Enrique	🧸 🧸	
Enzo	🧸 🧸	
Éphrem	🧸 ⊕	9 juin
Épiphane	🧸 ⊕	
Érasme	🧸	
Erembert	🧸	
Éric	🧸 🧸 🧸 🧸 🧸	18 mai
Éric-Charles	🧸	
Éric-Étienne	🧸	
Éric-François	🧸	
Éric-Jean-Joseph	🧸	
Éric-Luc	🧸	
Éric-Martin	🧸	
Éric-Nicolas	🧸	
Éric-Olivier	🧸	

Éric-Pierre	🧸		
Éric-René	🧸		
Éric-Roberto	🧸		
Erich	🧸		
Érick	🧸🧸🧸		
Érik	🧸🧸🧸		
Ernest	🧸🧸		7 novembre
Ernesto	🧸🧸		
Ernesto-Anibal	🧸		
Ernst	🧸🧸		
Érol	🧸🧸		
Errol	🧸🧸		
Ervan	🧸		
Erwin	🧸		
Ésaïe	🧸		
Esteban	🧸🧸		
Estèphe	🧸		
Étienne	🧸🧸🧸	⊕	17 avril
Étienne-Paul	🧸		
Euclide	🧸🧸		
Eudes	🧸		

Eudore	🧸		
Eugène	🧸 🧸 🧸	⊕	13 juillet
Eunide	🧸		
Eusèbe	🧸	⊕	2 août
Eustache	🧸	⊕	20 septembre
Évan	🧸		
Évariste	🧸 🧸	⊕	23 décembre
Éverard	🧸		14 août
Évode	🧸		
Évremond	🧸		
Éwald	🧸		
Expédit	🧸		
Exupère	🧸		2 mai
Eymard	🧸		
Ézéchiel	🧸		

ℱ

Fabian	🧸		
Fabien	🧸 🧸 🧸	⊕	20 janvier

Fabio	🧸🧸		
Fabrice	🧸🧸		22 août
Fadi	🧸🧸		
Farid	🧸🧸		
Farid-Pierre	🧸		
Fathi	🧸🧸		
Faustin	🧸🧸	⊕	15 février
Faustinien	🧸		
Fédérico	🧸		
Fédor	🧸		
Félice	🧸		
Félicien	🧸	⊕	9 juin
Felipe	🧸		
Félix	🧸🧸🧸	⊕	12 février
Ferdinand	🧸🧸	⊕	30 mai
Ferdinando	🧸		
Fernand	🧸🧸🧸		27 juin
Fernand-Claude	🧸		
Fernand-Gilles	🧸		
Fernand-Terry	🧸		
Fernando	🧸🧸🧸		

Ferréol	🧸	⊕	16 juin
Fiacre	🧸		30 août
Fidel	🧸		
Fidèle	🧸	⊕	24 avril
Filip	🧸		
Filippo	🧸		
Firmin	🧸		11 octobre
Firminien	🧸		
Flavien	🧸	⊕	18 février
Florent	🧸 🧸 🧸		4 juillet
Florentin	🧸		24 octobre
Florian	🧸 🧸		4 mai
Floribert	🧸		
Florimond	🧸		
Fortunat	🧸	⊕	23 avril
Fouad	🧸 🧸 🧸		
Fragan	🧸		
Fran	🧸		
Francelin	🧸		
Francès	🧸 🧸		
Francesco	🧸 🧸		

Francis	🧸🧸🧸
Francisco	🧸🧸
Francisque	🧸
Franck	🧸🧸
Franco	🧸🧸
François	🧸🧸🧸🧸🧸 ⊕ 24 janvier
François-André	🧸
François-Antoine	🧸
François-Éric	🧸
François-Gérald	🧸
François-Guy	🧸
François-Jean	🧸
François-Joseph	🧸
François-Louis	🧸
François-Luc	🧸
François-Marc	🧸
François-Marie	🧸
François-Mario	🧸
François-Michel	🧸
François-Michelet	🧸
François-Paul	🧸

François-Pierre 🧸

François-René 🧸

François-Serge 🧸

François-Xavier 🧸🧸   3 décembre

François-Yves 🧸

Franek 🧸

Frank 🧸🧸🧸

Frankie 🧸

Franklin 🧸🧸

Franko 🧸

Frans 🧸

Frans-Benoit 🧸

Fransez 🧸

Frantz 🧸🧸🧸

Frantz-Henri 🧸

Franz 🧸🧸

Fred 🧸🧸

Freddy 🧸

Frédéric 🧸🧸🧸   ⊕   18 juillet

Frédérick 🧸🧸🧸

Frédérique ⚥ 🧸🧸🧸

Frédéric-André	🧸		
Frédéric-Antoine	🧸		
Frédérick-Bernard	🧸		
Frédérik	🧸		
Fridolin	🧸		6 mars
Fritz	🧸🧸		
Fritz-Étienne	🧸		
Fulgence	🧸	⊕	1er janvier
Fulvien	🧸		

G

Gabriel	🧸🧸🧸	⊕	29 septembre
Gaby ⚥	🧸🧸		
Gaël	🧸🧸		17 décembre
Gaétan	🧸🧸🧸🧸		7 août
Gaïl	🧸🧸		
Garry	🧸🧸		
Garry-Louis	🧸		
Garry-Romulus	🧸		

Gary	🐻🐻🐻		
Gary-Hubert	🐻		
Gary-Michel	🐻		
Gaspard	🐻🐻		28 décembre
Gaston	🐻🐻🐻		6 février
Gaston-François	🐻		
Gaston-Pierre	🐻		
Gatien	🐻		18 décembre
Gédéon	🐻	⊕	
Genest	🐻		
Gennaro	🐻		
Géo-Alain	🐻		
Geoffrey	🐻		
Geoffroi	🐻		
Geoffroy	🐻🐻		8 novembre
George	🐻🐻🐻	⊕	
Georges	🐻🐻🐻🐻	⊕	23 avril
Georges-Aimé	🐻		
Georges-Albert	🐻		
Georges-André	🐻		
Georges-Emmanuel	🐻		

Georges-Étienne	🧸		
Georges-Frédéric	🧸		
Georges-Henri	🧸 🧸		
Georges-Philippe	🧸		
Georges-Yvon	🧸		
Georgio	🧸		
Gérald	🧸 🧸 🧸 🧸		5 décembre
Gérald-Augustin	🧸		
Gérald-Michaël	🧸		
Gérard	🧸 🧸 🧸 🧸	⊕	3 octobre
Gérard-André	🧸		
Gérard-Charles	🧸		
Gérard-Majella	🧸		
Gérard-Viateur	🧸		
Gérardin	🧸		
Géraud	🧸		13 octobre
Germain	🧸 🧸 🧸	⊕	28 mai
German	🧸 🧸		
Gerry	🧸 🧸		
Gervais	🧸 🧸 🧸	⊕	19 juin
Géry	🧸		11 août

Ghislain	🧸🧸🧸		10 octobre
Ghyslain	🧸🧸🧸		
Gianni	🧸		
Gil	🧸🧸		
Gil-France	🧸		
Gilbert	🧸🧸🧸🧸	⊕	4 février
Gilbert-René	🧸		
Gildas	🧸		29 janvier
Gilian	🧸		
Gille	🧸🧸		
Gilles	🧸🧸🧸🧸🧸	⊕	1er septembre
Gilles-André	🧸		
Gilles-Claude	🧸		
Gilles-Conrad	🧸		
Gilles-Daniel	🧸		
Gilles-Gaston	🧸		
Gilles-Lionel	🧸		
Gilles-Marie	🧸		
Gilles-Noël	🧸		
Gilles-Paul	🧸		
Gillet	🧸		

Gillian	🧸
Ginet	🧸
Gino	🧸 🧸 🧸
Giorgio	🧸
Giovanni	🧸 🧸
Girard	🧸
Gislain	🧸
Giuseppe	🧸 🧸 🧸
Glen	🧸 🧸
Glenn	🧸 🧸
Godefroid	🧸
Godefroy	🧸
Godfroy	🧸
Goliath	🧸
Gontran	🧸
Gontrand	🧸
Gonzague	🧸
Gordon	🧸 🧸
Gracien	🧸
Gratien	🧸 🧸
Greg	🧸

⊕

28 mars

Grégoire	🧸🧸	⊕	3 septembre
Grégor	🧸		
Grégori	🧸		
Grégorio	🧸		
Grégory	🧸🧸		
Guertin	🧸		
Guibert	🧸		
Guido	🧸🧸		
Guilain	🧸		
Guildo	🧸		
Guilhem	🧸		
Guillaume	🧸🧸🧸	⊕	10 janvier
Guillaume-René	🧸		
Guillermo	🧸🧸		
Gunther	🧸		
Gustave	🧸🧸		7 octobre
Gustave-Nicolas	🧸		
Gustavo	🧸🧸		
Guy	🧸🧸🧸🧸🧸	⊕	12 juin
Guy-André	🧸		
Guy-Anne	🧸🧸		

Guy-Claude	🧸
Guy-Daniel	🧸
Guy-Émile	🧸
Guy-Henri	🧸
Guy-Marie	🧸
Guy-Michel	🧸
Guy-Patrick	🧸
Guy-Paul	🧸
Guy-Philias	🧸
Guy-René	🧸
Guy-Robert	🧸
Guy-Serge	🧸
Guylain	🧸 🧸
Gwenaël	🧸
Gyslain	🧸

H

Habib	🧸 🧸	27 mars
Hadrien	🧸	

Hamid   🧸 🧸

Hamilcar   🧸

Hani   🧸 🧸

Hannibal   🧸

Hans   🧸 🧸

Hans-Abel   🧸

Harald   🧸

Harold   🧸 🧸 🧸   1er novembre

Haroun   🧸

Harry   🧸 🧸 🧸   ⊕

Harry-Frantz   🧸

Harvey   🧸

Hassan   🧸 🧸 🧸

Hébert   🧸 🧸

Hector   🧸 🧸

Hellen ⚥   🧸

Helmut   🧸

Henri   🧸 🧸 🧸   ⊕   13 juillet

Henri-Carlos   🧸

Henri-Emmanuel 🧸

Henri-Jacob   🧸

Henri-Julien	🧸		
Henri-Luc	🧸		
Henri-Mathieu	🧸		
Henri-Pascal	🧸		
Henri-Paul	🧸 🧸		
Henri-Philippe	🧸		
Henri-Pierre	🧸		
Henri-Robert	🧸		
Henri-Yves	🧸		
Henrik	🧸 🧸		
Henry	🧸 🧸	⊕	
Henry-Claude	🧸		
Henry-Michel	🧸		
Henry-Robert	🧸		
Herbert	🧸		20 mars
Hercule	🧸		
Herman	🧸 🧸		
Hermance	🧸 🧸		
Hermann	🧸 🧸		25 septembre
Hermas	🧸	⊕	
Hermel	🧸 🧸		

Herménégilde			14 avril
Hermès			28 août
Hérold			
Hervé			17 juin
Hervé-Xavier			
Hervey			
Hilaire			13 janvier
Hilarion			21 octobre
Hippolyte			13 août
Homère			
Honoré			16 mai
Horace			
Hubert			3 novembre
Hubert-Alexandre			
Hubert-Yves			
Hughes			
Hugo			
Hugolin			10 octobre
Hugue			
Hugues			1er avril
Hugues-Frédéric			

Hugues-Michel 🧸

Humbert 🧸

Hyacinthe ⚥ 🧸   ⊕   17 août

I

Ian 🧸🧸

Ibrahim 🧸🧸

Ignace 🧸   ⊕   17 octobre

Ignacio 🧸

Igor 🧸🧸   5 juin

Ildefonse 🧸   23 janvier

Innocent 🧸   28 décembre

Irénée 🧸🧸   ⊕   28 juin

Irvin 🧸

Isaac 🧸🧸   20 décembre

Isaïe 🧸   9 mai

Isidore 🧸🧸   ⊕   4 avril

Ismaël 🧸

Ismaël-Alexandre 🧸

Israël 🧸

Ivain 🧸

Ivan 🧸🧸🧸

Ivanhoé 🧸🧸

Ivon 🧸

Jacek 🧸🧸

Jack 🧸🧸

Jacky 🧸🧸

Jacob 🧸🧸 20 décembre

Jacquelin 🧸🧸

Jacquemin 🧸

Jacques 🧸🧸🧸🧸🧸 ⊕ 25 juillet

Jacques-Albert 🧸

Jacques-André 🧸🧸

Jacques-Auguste 🧸

Jacques-Bernard 🧸

Jacques-Christian 🧸

Jacques-Claude 🧸
Jacques-Édouard 🧸
Jacques-Émile 🧸
Jacques-François 🧸
Jacques-Frédéric 🧸
Jacques-Georges 🧸
Jacques-Gérard 🧸
Jacques-Ghislain 🧸
Jacques-Gilbert 🧸
Jacques-Gilles 🧸
Jacques-Henri 🧸
Jacques-Jean-Claude 🧸
Jacques-Laurent 🧸
Jacques-Pierre 🧸
Jacques-Roch 🧸
Jacques-Roger 🧸
Jacques-Yvan 🧸
Jacques-Yves 🧸
Jacquot 🧸
Jaime 🧸🧸
Jamal 🧸🧸🧸

James	🧸🧸🧸		
Jan	🧸🧸		
Janet	🧸🧸		
Janic	🧸🧸		
Jannice	🧸		
Janvier	🧸🧸	⊕	19 septembre
Jasmin	🧸🧸		
Jason	🧸		
Jean	🧸🧸🧸🧸🧸	⊕	23 octobre
Jean-Aimé	🧸		
Jean-Alain	🧸		
Jean-Albert	🧸		
Jean-Alexandre	🧸		
Jean-André	🧸🧸		
Jean-Arthur	🧸		
Jean-Baptiste	🧸🧸		24 juin
Jean-Benoit	🧸🧸		
Jean-Bernadotte	🧸		
Jean-Bernard	🧸🧸		
Jean-Bruno	🧸🧸		
Jean-Carl	🧸		

Jean-Célestin 🧸

Jean-Charles 🧸🧸🧸

Jean-Christian 🧸

Jean-Christophe 🧸🧸

Jean-Clair 🧸

Jean-Claude 🧸🧸🧸🧸

Jean-Claudel 🧸

Jean-Clément 🧸🧸

Jean-Daniel 🧸🧸

Jean-David 🧸🧸

Jean-De-Dieu 🧸

Jean-Denis 🧸🧸🧸

Jean-Désiré 🧸

Jean-Eddy 🧸

Jean-Édouard 🧸

Jean-Élie 🧸

Jean-Elvis 🧸

Jean-Émile 🧸

Jean-Emmanuel 🧸

Jean-Éric 🧸🧸

Jean-Ernest 🧸

Jean-Étienne	🧸	
Jean-Eudes	🧸🧸	19 août
Jean-Félix	🧸	
Jean-Francis	🧸	
Jean-François	🧸🧸🧸🧸🧸	16 juin
Jean-Frantz	🧸	
Jean-Fred	🧸	
Jean-Frédéric	🧸🧸	
Jean-Gabriel	🧸	
Jean-Gaston	🧸	
Jean-Georges	🧸	
Jean-Gérald	🧸	
Jean-Gérard	🧸🧸	
Jean-Gilbert	🧸	
Jean-Gilles	🧸🧸	
Jean-Godefroy	🧸	
Jean-Gustave	🧸	
Jean-Guy	🧸🧸🧸🧸	
Jean-Hertel	🧸	
Jean-Hubert	🧸	
Jean-Hugues	🧸🧸	

Jean-Ignace	🧸
Jean-Jacques	🧸 🧸 🧸
Jean-Jérôme	🧸
Jean-Joseph	🧸
Jean-Léo	🧸
Jean-Léon	🧸 🧸
Jean-Lou	🧸
Jean-Louis	🧸 🧸 🧸
Jean-Loup	🧸
Jean-Luc	🧸 🧸 🧸
Jean-Manuel	🧸
Jean-Marc	🧸 🧸 🧸 🧸
Jean-Marcel	🧸 🧸
Jean-Marie	🧸 🧸 🧸
Jean-Marin	🧸
Jean-Mario	🧸
Jean-Maroun	🧸
Jean-Martin	🧸 🧸
Jean-Mary	🧸
Jean-Mathieu	🧸
Jean-Maurice	🧸 🧸 🧸

4 août

Jean-Max	🧸🧸
Jean-Michaël	🧸
Jean-Michel	🧸🧸🧸
Jean-Milou	🧸
Jean-Nicolas	🧸🧸
Jean-Noël	🧸🧸
Jean-Olivier	🧸
Jean-Omar	🧸
Jean-Pascal	🧸🧸
Jean-Patrice	🧸
Jean-Patrick	🧸🧸
Jean-Paul	🧸🧸🧸
Jean-Philippe	🧸🧸🧸
Jean-Pierre	🧸🧸🧸🧸🧸
Jean-Pol	🧸
Jean-Raoul	🧸
Jean-Raphaël	🧸
Jean-Raymond	🧸🧸
Jean-Raynald	🧸
Jean-Rémi	🧸
Jean-Rémy	🧸

Jean-René	🧸🧸🧸
Jean-Richard	🧸🧸
Jean-Robert	🧸🧸🧸
Jean-Roch	🧸🧸
Jean-Rock	🧸🧸
Jean-Rodrigue	🧸
Jean-Roger	🧸
Jean-Roland	🧸
Jean-Romane	🧸
Jean-Ronald	🧸
Jean-Salomon	🧸
Jean-Sébastien	🧸🧸🧸
Jean-Serge	🧸🧸
Jean-Simon	🧸
Jean-Stéphane	🧸
Jean-Sylvain	🧸🧸
Jean-Thomas	🧸🧸
Jean-Vianney	🧸
Jean-Victor	🧸
Jean-Vincent	🧸
Jean-Wilbert	🧸

Jean-Wilfrid	🧸		
Jean-Yvan	🧸		
Jean-Yves	🧸 🧸 🧸		
Jeannot	🧸 🧸 🧸		
Jeannot-Julien	🧸		
Jeff	🧸		
Jeffrey	🧸 🧸		
Jehan	🧸		
Jérémie	🧸 🧸	⊕	1er mai
Jérémy	🧸		
Jérôme	🧸 🧸 🧸	⊕	30 septembre
Jerry	🧸 🧸		
Jessy	🧸 🧸		4 novembre
Jésus	🧸 🧸		
Jill	🧸 🧸		
Jim	🧸 🧸		
Jimmy	🧸 🧸 🧸		
Jo	🧸		
Joachim	🧸 🧸	⊕	26 juillet
Joachim-Michaël	🧸		
Joan	🧸 🧸 🧸		

Joao	🧸🧸	
Joaquin	🧸	
Job	🧸	
Jocelin	🧸🧸	
Jocelyn	🧸🧸🧸🧸	
Jocelyn-Georges	🧸	
Jocelyn-Guy	🧸	
Jody	🧸	
Joe	🧸🧸	
Joël	🧸🧸🧸	13 juillet
Joël-Barry	🧸	
Joël-Louis	🧸	
Joël-Michel	🧸	
Joël-Pascal	🧸	
Joey	🧸🧸	
Joffre	🧸	
Joffrey	🧸	
Jogues	🧸	⊕
Johan	🧸🧸	
Johann	🧸🧸	
Johannes	🧸	

Nom	Nounours		Fête
John	🧸🧸🧸		
Johnny	🧸🧸		
Jonas	🧸🧸		
Jonathan	🧸🧸		
Jordan	🧸		
Jordi	🧸		
Jorge	🧸🧸		
Joris	🧸		26 juillet
Jos	🧸		
Josaphat	🧸		12 novembre
Joscelin	🧸		
Joscelyn	🧸		
José	🧸🧸🧸		
José-Louis	🧸		
José-Manuel	🧸		
José-Marie	🧸		
José-Raul	🧸		
Joseph	🧸🧸🧸	⊕	19 mars
Joseph-André	🧸		
Joseph-Duret	🧸		
Joseph-Eddy	🧸		

Joseph-Emmanuel 🧸

Joseph-Ernst 🧸

Joseph-Gilles 🧸

Joseph-Henry 🧸

Joseph-Jacques 🧸

Joseph-Jean 🧸

Joseph-Marie 🧸

Josselin 🧸

Josué 🧸 1er septembre

Joubert 🧸

Jovite 🧸 ⊕

Joy 🧸

Joyce 🧸🧸

Juan 🧸🧸

Jude 🧸🧸 ⊕ 28 octobre

Jude-Jacob 🧸

Jude-Marc 🧸

Judes 🧸

Judy ⚥ 🧸🧸

Jules 🧸🧸🧸 ⊕ 12 avril

Jules-Arthur 🧸

Jules-Pascal	🧸		
Jules-Pierre	🧸		
Julian	🧸🧸		
Julien	🧸🧸🧸	⊕	2 août
Julien-Louis	🧸		
Julio	🧸🧸		
Julius	🧸		
June	🧸🧸		
Juste	🧸	⊕	14 octobre
Justin	🧸🧸	⊕	1er juin
Justinien	🧸		
Juvénal	🧸		3 mai

Kamal	🧸🧸		
Kamel	🧸🧸		
Karim	🧸🧸🧸		
Karl	🧸🧸🧸		
Karl-Philippe	🧸		

Kay 🧸

Keith 🧸🧸

Ken 🧸🧸

Kenneth 🧸🧸

Kenny 🧸

Kévin 🧸🧸   3 juin

Khaled 🧸🧸

Khalid 🧸🧸🧸

Khalil 🧸🧸

Kim ⚥ 🧸🧸🧸

Klaus 🧸

Kléber 🧸

Kurt 🧸

L

Ladislas 🧸

Lahcen 🧸🧸

Lambert 🧸🧸   🌐 17 septembre

Lamine 🧸🧸

Nom	Oursons	Globe	Date
Lancelot	🧸		
Langis	🧸🧸		
Larry	🧸🧸		
Laszlo	🧸🧸		
Lauréat	🧸🧸		
Laurel	🧸	⊕	
Laurent	🧸🧸🧸🧸	⊕	10 août
Laurent-Claude	🧸		
Laurent-Michel	🧸		
Laurent-Pierre	🧸		
Laurier	🧸🧸🧸	⊕	
Laval	🧸🧸🧸	⊕	
Lawrence	🧸🧸		
Lazare	🧸	⊕	23 février
Léandre	🧸🧸	⊕	27 février
Léger	🧸🧸		2 octobre
Léo	🧸🧸🧸		
Léo-Guy	🧸		
Léo-Paul	🧸🧸		
Léo-Pierre	🧸		
Léo-Pol	🧸		

Léon	🧸🧸🧸	⊕	10 novembre
Léon-Alain	🧸		
Léon-Gérald	🧸		
Léon-Guy	🧸		
Léon-Maurice	🧸		
Léon-Pierre	🧸		
Léonard	🧸🧸🧸	⊕	6 novembre
Léonce	🧸🧸		18 juin
Léonel	🧸🧸		
Léonidas	🧸		
Léonide	🧸		
Léopold	🧸🧸🧸		15 novembre
Leu	🧸		
Lévis	🧸🧸		
Léwis	🧸🧸		
Liboire	🧸	⊕	
Liguori	🧸	⊕	
Lin	🧸		
Lino	🧸🧸		
Lionel	🧸🧸🧸		
Lionel-Bernard	🧸		

Lionel-Ovila	🐻	
Lô	🐻	
Loïc	🐻🐻	
Loïs	🐻	
Lorenzo	🐻🐻	
Lorne	🐻🐻	
Lorrain	🐻	⊕
Loth	🐻	
Lothaire	🐻	
Lothar	🐻	
Lou	🐻	
Lou-Anne	🐻	
Louis	🐻🐻🐻🐻🐻	⊕ 21 juin
Louis-Adrien	🐻	
Louis-Aimé	🐻	
Louis-Albert	🐻	
Louis-Alexandre	🐻	
Louis-André	🐻🐻	
Louis-Arnould	🐻	
Louis-Arthur	🐻	
Louis-Bernard	🐻	

Louis-Bertrand 🐻

Louis-Bruno 🐻

Louis-Charles 🐻🐻

Louis-Christian 🐻

Louis-Claude 🐻

Louis-Conrad 🐻

Louis-Daniel 🐻

Louis-Denis 🐻

Louis-Dominique 🐻

Louis-Edmond 🐻

Louis-Édouard 🐻

Louis-Émile 🐻

Louis-Éric 🐻

Louis-France 🐻

Louis-Francis 🐻

Louis-François 🐻🐻

Louis-Gabriel 🐻

Louis-Georges 🐻

Louis-Gilles 🐻🐻

Louis-Guy 🐻

Louis-Hugues 🐻

Louis-Jacques 🧸🧸

Louis-Jean 🧸🧸

Louis-Joachim 🧸

Louis-Joseph 🧸🧸

Louis-Luc 🧸

Louis-Manuel 🧸

Louis-Marc 🧸🧸

Louis-Marcel 🧸

Louis-Marie 🧸🧸🧸   28 avril

Louis-Martin 🧸🧸

Louis-Maurice 🧸

Louis-Michel 🧸🧸

Louis-Noël 🧸

Louis-Norbert 🧸

Louis-Olivier 🧸

Louis-Pascal 🧸

Louis-Patrick 🧸

Louis-Paul 🧸🧸

Louis-Philippe 🧸🧸🧸

Louis-Pierre 🧸🧸

Louis-Raymond 🧸🧸

Louis-René	🧸🧸	
Louis-Richard	🧸	
Louis-Robert	🧸🧸	
Louis-Roger	🧸	
Louis-Serge	🧸	
Louis-Simon	🧸	
Louis-Vincent	🧸	
Louis-William	🧸	
Louis-Yves	🧸	
Louison ⚥	🧸🧸	
Louison-Jean	🧸	
Loup	🧸	29 juillet
Luc	🧸🧸🧸🧸🧸 ⊕	18 octobre
Luc-André	🧸🧸	
Luc-Antoine	🧸	
Luc-Denis	🧸	
Luc-Gilbert	🧸	
Luc-Hubert	🧸	
Luc-Jean	🧸	
Luc-Julien	🧸	
Luc-Marc	🧸	

Luc-Michel

Luc-Moïse

Luc-Normand

Luc-Pierre

Luc-Rolland

Lucas

Luciano

Lucien   8 janvier

Lucillien

Lucinien

Lucio

Ludéric

Ludger   26 mars

Ludovic

Ludwig

Luigi

Luis

Luiz

Luke

Lulu ♀♂

Luther

Lyonel 🧸🧸
Lysandre 🧸

M

Mabel	🧸		
Macaire	🧸		17 avril
Maé	🧸		
Magdi	🧸🧸		
Magella	🧸🧸		
Magloire	🧸	⊕	24 octobre
Magnus	🧸		
Mahé ⚥	🧸		
Mahmoud	🧸🧸		
Mahomet	🧸		
Majella	🧸🧸		
Majoric	🧸	⊕	
Majorique	🧸	⊕	
Malachie	🧸	⊕	2 novembre
Malcolm	🧸		

Malcome

Malek

Malo ⊕ 15 novembre

Manfred

Mansour

Manu

Manuel

Marc ⊕ 25 avril

Marc-Adrien

Marc-Alain

Marc-André

Marc-Antoine

Marc-Arthur

Marc-Aurèle

Marc-Daniel

Marc-Didier

Marc-Donald

Marc-Émile

Marc-Éric

Marc-François

Marc-Gabriel

Marc-Gérard	
Marc-Henri	
Marc-Hervé	
Marc-Laurent	
Marc-Luc	
Marc-Maurice	
Marc-Michel	
Marc-Olivier	
Marc-Philippe	
Marc-René	
Marc-Robert	
Marc-Robinson	
Marc-Roger	
Marc-Yvan	
Marc-Yves	
Marcel	 16 janvier
Marcel-Aimé	
Marcel-Denis	
Marcel-Léo	
Marcel-Yves	
Marcelin	

Marcellin	🧸🧸		⊕	6 avril
Marcello	🧸			
Marcelo	🧸🧸			
Marcial	🧸			
Marciano	🧸			
Marco	🧸🧸🧸			
Marco-André	🧸			
Marcos	🧸			
Marcus	🧸			
Mariano	🧸🧸			
Mariel	🧸🧸			
Marien	🧸			6 mai
Marien-Joseph	🧸			
Marin	🧸🧸			4 septembre
Mario	🧸🧸🧸🧸🧸			
Mario-François	🧸			
Mario-Philippe	🧸			
Mario-René	🧸			
Mario-Richard	🧸			
Marius	🧸🧸			19 janvier
Mark	🧸🧸🧸			

Mark-David	🧸	
Markus	🧸	
Mars	🧸	
Martial	🧸🧸🧸	30 juin
Martin	🧸🧸🧸🧸🧸 ⊕	11 novembre
Martin-Benoit	🧸	
Martin-David	🧸	
Martin-Philippe	🧸	
Martin-Pierre	🧸	
Martin-Robert	🧸	
Marwan	🧸🧸	
Massimo	🧸🧸	
Mat	🧸	
Mathias	🧸🧸 ⊕	14 mai
Mathieu	🧸🧸🧸 ⊕	
Mathieu-David	🧸	
Mathieu-Jobin	🧸	
Mathurin	🧸	1er novembre
Mattéo	🧸	
Matthew	🧸	
Matthias	🧸	

Matthieu	🧸🧸		21 septembre
Maurice	🧸🧸🧸🧸	⊕	22 septembre
Maurice-Honoré	🧸		
Maurice-Simon	🧸		
Mauricio	🧸🧸		
Maurizio	🧸		
Mauro	🧸🧸		
Max	🧸🧸🧸		
Max-André	🧸		
Max-Antoine	🧸		
Max-Raymond	🧸		
Max-René	🧸		
Max-Sully	🧸		
Maxence ⚥	🧸		
Maxim	🧸🧸		
Maxime	🧸🧸🧸		14 avril
Maxime-Pierre	🧸		
Maximilien	🧸		14 août
Maximin	🧸		29 mai
Médard	🧸🧸	⊕	8 juin
Médéric	🧸		

Mehdi	🧸 🧸	
Melchior	🧸	
Melvin	🧸 🧸	
Méthode	🧸	🌐 14 juin
Meyer	🧸 🧸	
Michaël	🧸 🧸 🧸	
Michel	🧸 🧸 🧸 🧸 🧸	🌐 29 septembre
Michel-Adrien	🧸	
Michel-Alain	🧸	
Michel-Alexandre	🧸	
Michel-André	🧸 🧸	
Michel-Ange	🧸 🧸	
Michel-Armand	🧸	
Michel-Carl	🧸	
Michel-Charles	🧸	
Michel-Claude	🧸	
Michel-Denis	🧸	
Michel-Éric	🧸	
Michel-Francis	🧸	
Michel-François	🧸	
Michel-Georges	🧸	

Michel-Guy

Michel-Jean

Michel-Joseph

Michel-Marc

Michel-Marie

Michel-Nicol

Michel-Pierre

Michel-Raymond

Michel-Rémi

Michel-Reynald

Michel-Robert

Michel-Sylvain

Michel-Yves

Michel-Yvon

Mick

Miguel

Mikaël

Mike

Miloud

Miroslav

Miville

Modeste	🧸	⊕	24 février
Mohamad	🧸 🧸		
Mohamed	🧸 🧸 🧸		
Mohammed	🧸 🧸 🧸		
Mohcine	🧸		
Moïse	🧸 🧸	⊕	4 septembre
Mokhtar	🧸 🧸		
Moris	🧸		
Morris	🧸		
Mortimer	🧸		
Moshé	🧸		
Mostafa	🧸 🧸		
Mounir	🧸 🧸		
Mourad	🧸 🧸		
Moussa	🧸 🧸		
Moussedikou	🧸		
Moustapha	🧸 🧸		
Mustapha	🧸 🧸 🧸		
Myrtho	🧸		

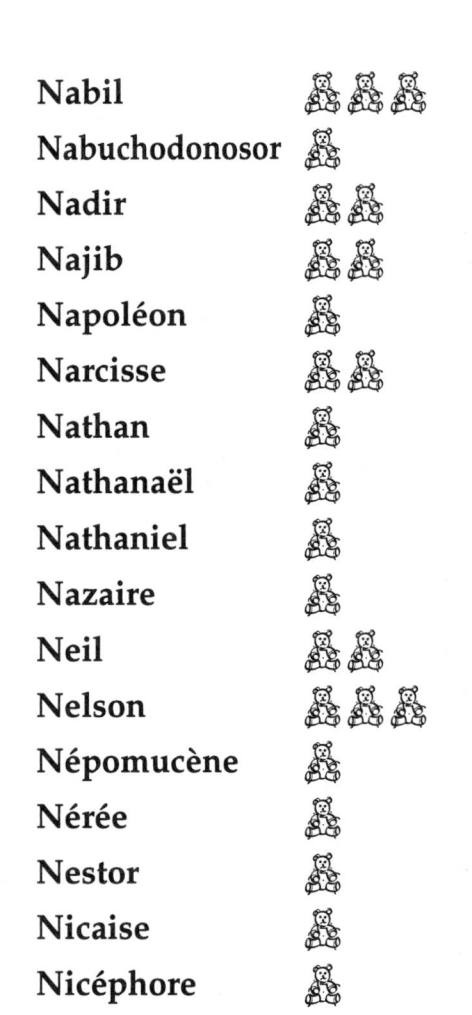

Nabil	🧸🧸🧸	
Nabuchodonosor	🧸	
Nadir	🧸🧸	
Najib	🧸🧸	
Napoléon	🧸	
Narcisse	🧸🧸	⊕ 29 octobre
Nathan	🧸	
Nathanaël	🧸	
Nathaniel	🧸	
Nazaire	🧸	⊕ 28 juillet
Neil	🧸🧸	
Nelson	🧸🧸🧸	
Népomucène	🧸	
Nérée	🧸	⊕ 12 mai
Nestor	🧸	26 février
Nicaise	🧸	
Nicéphore	🧸	⊕
Nicholas	🧸🧸	

Nom					Fête
Nick	🧸 🧸				
Nicola	🧸 🧸				
Nicolaï	🧸				
Nicolas	🧸 🧸 🧸		⊕		6 décembre
Nicolas-Michel	🧸				
Nikita	🧸				31 janvier
Nikolaï	🧸				
Nino	🧸				
Noah	🧸				
Noé	🧸				10 novembre
Noël	🧸 🧸 🧸		⊕		25 décembre
Noël-André	🧸				
Norbert	🧸 🧸 🧸		⊕		6 juin
Norman	🧸 🧸 🧸				
Norman-Dominic	🧸				
Normand	🧸 🧸 🧸 🧸 🧸				
Normand-Godfroy	🧸				
Normand-Guy	🧸				
Normand-Michel	🧸				
Noureddine	🧸 🧸				

O

Octave		⊕	20 novembre
Octavien			6 août
Octavio			
Odelin			
Odilon		⊕	4 janvier
Odin			
Olaf			
Oleg			
Olive ⚥			5 mars
Oliver			
Olivier			12 juillet
Omar			
Omer		⊕	9 septembre
Onésime		⊕	16 février
Orégan			
Oreste			
Origne			
Oriol			

Orlando	🧸🧸	
Orlando-Julian	🧸	
Ormond	🧸	
Orphée	🧸	
Oscar	🧸🧸	3 février
Osiris	🧸	
Osmond	🧸	
Oswald	🧸	5 août
Othello	🧸	
Ottavio	🧸	
Otto	🧸	
Ours	🧸	
Ovide	🧸	
Ovila	🧸🧸	
Ovila-Bertrand	🧸	

𝒫

Pablo	🧸🧸
Pacifique	🧸

Pacôme	🧸	⊕	9 mai
Pamphile	🧸	⊕	16 février
Pancrace	🧸		
Paolo	🧸 🧸		
Parfait	🧸		18 avril
Pascal	🧸 🧸 🧸	⊕	17 mai
Pascal-Alain	🧸		
Pascal-André	🧸		
Pascal-Bernard	🧸		
Pascal-Éric	🧸		
Pascalin	🧸		
Pasqualino	🧸		
Pat	🧸		
Patric	🧸 🧸		
Patrice	🧸 🧸 🧸 🧸	⊕	17 mars
Patrice-Alain	🧸		
Patrice-William	🧸		
Patricio	🧸 🧸		
Patrick	🧸 🧸 🧸 🧸		
Patrick-René	🧸		
Patrick-Vincent	🧸		

Patrick-Yves	🧸					
Patrik	🧸 🧸					
Paul	🧸 🧸 🧸 🧸 🧸	⊕			29 juin
Paul-Aimé	🧸					
Paul-Albert	🧸					
Paul-Alexis	🧸					
Paul-Alfred	🧸					
Paul-André	🧸 🧸 🧸					
Paul-Arthur	🧸					
Paul-Aubert	🧸					
Paul-Claude	🧸					
Paul-Denis	🧸					
Paul-Eddy	🧸					
Paul-Edmond	🧸					
Paul-Émile	🧸 🧸 🧸					
Paul-Emmanuel	🧸					
Paul-Éric	🧸 🧸					
Paul-Étienne	🧸					
Paul-Eugène	🧸					
Paul-François	🧸					
Paul-Georges	🧸					

Paul-Gérald

Paul-Gilles

Paul-Guy

Paul-Henri

Paul-Julien

Paul-Marie

Paul-Martel

Paul-Maurice

Paul-Noël

Paul-Pierre

Paul-Réal

Paul-René

Paul-Robert

Paul-Roger

Paul-Sylvain

Paul-Victor

Paul-Yvan

Paul-Yves

Paul-Yvon

Paulin   11 janvier

Paulo

Paulot	🐻	
Pedro	🐻 🐻	
Pépé	🐻	
Pépin	🐻	
Per	🐻	
Perceval	🐻	
Perry	🐻 🐻	
Peter	🐻 🐻 🐻	
Phébé	🐻	
Phil	🐻	
Philbert	🐻	
Philémon	🐻	⊕ 22 novembre
Philias	🐻	
Philibert	🐻	⊕ 20 août
Philip	🐻 🐻	
Philipe	🐻	
Philippe	🐻 🐻 🐻 🐻	⊕ 3 mai
Philippe-André	🐻	
Philippe-Émile	🐻	
Philippe-Jean	🐻	
Philippe-Michel	🐻	

Philippe-Simon 🧸

Phyllis ⚥ 🧸 🧸

Pie 🧸   ⊕   30 avril

Pier 🧸 🧸

Piéro 🧸

Pierre 🧸 🧸 🧸 🧸 🧸   ⊕   21 décembre

Pierre-Aimé 🧸

Pierre-Alain 🧸 🧸

Pierre-Alexandre 🧸

Pierre-André 🧸 🧸 🧸

Pierre-Annick 🧸

Pierre-Antoine 🧸

Pierre-Armand 🧸

Pierre-Armel 🧸

Pierre-Auguste 🧸

Pierre-Benoit 🧸

Pierre-Bernard 🧸

Pierre-Berteau 🧸

Pierre-Bertin 🧸

Pierre-Bertrand 🧸

Pierre-Caleb 🧸

Pierre-Charles 🧸

Pierre-Claude 🧸🧸

Pierre-Côme 🧸

Pierre-Damien 🧸

Pierre-David 🧸

Pierre-Denis 🧸

Pierre-Émile 🧸

Pierre-Emmanuel 🧸

Pierre-Éric 🧸

Pierre-Érick 🧸

Pierre-Étienne 🧸

Pierre-François 🧸🧸

Pierre-Frédéric 🧸

Pierre-George 🧸

Pierre-Gérald 🧸

Pierre-Gérard 🧸

Pierre-Gilbert 🧸

Pierre-Gilles 🧸

Pierre-Guy 🧸

Pierre-Honoré 🧸

Pierre-Hubert 🧸

Pierre-Hugues 🧸

Pierre-Isidore 🧸

Pierre-Ivan 🧸

Pierre-Jacques 🧸

Pierre-Jean 🧸🧸

Pierre-Joseph 🧸

Pierre-Jules 🧸

Pierre-Julien 🧸

Pierre-Karl 🧸

Pierre-Laurier 🧸

Pierre-Léo 🧸

Pierre-Léon 🧸

Pierre-Léonard 🧸

Pierre-Léopold 🧸

Pierre-Loïc 🧸

Pierre-Louis 🧸🧸

Pierre-Luc 🧸🧸

Pierre-Marc 🧸🧸

Pierre-Marcel 🧸

Pierre-Marie 🧸🧸

Pierre-Martin 🧸

Pierre-Maxime 🧸
Pierre-Michel 🧸🧸
Pierre-Mozart 🧸
Pierre-Olier 🧸
Pierre-Olivier 🧸
Pierre-Onil 🧸
Pierre-Oscar 🧸
Pierre-Paul 🧸🧸🧸
Pierre-Philippe 🧸
Pierre-Rémy 🧸
Pierre-René 🧸
Pierre-Richard 🧸🧸
Pierre-Robert 🧸
Pierre-Stève 🧸
Pierre-Thérèse 🧸
Pierre-Victor 🧸
Pierre-Vincent 🧸
Pierre-Yvan 🧸
Pierre-Yves 🧸🧸🧸
Pierre-Yvon 🧸
Pierrick 🧸🧸

Pierrot		
Piétro		
Piotr		
Placide		5 octobre
Platon		
Plutarque		
Pol		12 mars
Pol-Érik		
Polycarpe		23 février
Polyeucte		
Porphyre		
Prime		9 juin
Prosper		25 juin
Protais		19 juin
Prudence ⚥		6 mai
Prudent		
Ptolémée		

Q

Quasimodo		
Quentin		31 octobre
Quintilien		

R

Rachid		
Rafaël		
Raffi		
Rafik		
Raimondo		
Ralph		
Ram		
Ramon		
Randolph		
Raouf		
Raoul		7 juillet

Raphaël	🧸🧸🧸	⊕	29 septembre
Raul	🧸🧸		
Ray	🧸		
Ray-Marc	🧸		
Raymond	🧸🧸🧸🧸	⊕	7 janvier
Raymond-Charles	🧸		
Raymond-Marie	🧸		
Raymond-Marius	🧸		
Raymond-Patrick	🧸		
Raymond-Paul	🧸		
Raymond-Yves	🧸		
Raynald	🧸🧸🧸		
Raynald-Émile	🧸		
Raynald-Guy	🧸		
Raynold	🧸🧸		
Réal	🧸🧸🧸🧸		
Régent	🧸🧸🧸		
Régent-Yves	🧸		
Réginald	🧸🧸		
Régis	🧸🧸🧸	⊕	
Régis-Olivier	🧸		

Réjean	🧸🧸🧸🧸🧸		
Réjean-Patrice	🧸		
Réjean-Pierre	🧸		
Rémi	🧸🧸🧸	⊕	15 janvier
Rémy	🧸🧸🧸		
Rénald	🧸🧸🧸		
Renato	🧸🧸		
Renaud	🧸🧸🧸		17 septembre
Renault	🧸		
René	🧸🧸🧸🧸🧸	⊕	19 octobre
René-Claude	🧸		
René-Daniel	🧸		
René-François	🧸		
René-Georges	🧸		
René-Jacques	🧸		
René-Jean	🧸		
René-Louis	🧸		
René-Luc	🧸		
René-Marie	🧸		
René-Marin	🧸		
René-Mauricio	🧸		

René-Paul

René-Philippe

René-Pierre

René-Richard

René-Robert

René-Yves

Reneault

Reno

Renzo

Reynald

Reynald-Éric

Reynaldo

Reynold

Rhéal

Rhéal-André

Riad

Ricardo

Richard   3 avril

Richard-Alexandre

Richard-Éric

Richard-Francis

Richard-Marc 🧸

Richard-Mathieu 🧸

Richard-Max 🧸

Rick 🧸

Ricky 🧸

Rinaldo 🧸

Rino 🧸🧸

Robert 🧸🧸🧸🧸🧸 🌐 17 septembre

Robert-Alain 🧸

Robert-Albert 🧸

Robert-Alexandre 🧸

Robert-André 🧸

Robert-Bertrand 🧸

Robert-Bob 🧸

Robert-Donald 🧸

Robert-Eugène 🧸

Robert-Georges 🧸

Robert-Gérald 🧸

Robert-James 🧸

Robert-Jean 🧸

Robert-Michel 🧸

Robert-Pierre

Robert-Vincent

Robert-Yves

Roberto

Roberto-Luc

Robin

Robinson

Roc

Roch   16 août

Rodéric

Roderick-James

Rodin

Rodolfo

Rodolphe   21 juin

Rodolpho

Rodrigo

Rodrigue   13 mars

Rodriguez

Rogatien   24 mai

Roger   30 décembre

Roger-Colin

Roger-François				
Roger-Gabriel				
Roger-Marc				
Roger-Paul				
Roger-Pierre				
Roland				15 septembre
Roland-Yves				
Rolando				
Rolland				
Romain				28 février
Roman				
Roméo				25 février
Romuald				19 juin
Ron				
Ronald				
Ronald-Georges				
Ronnie				
Ronny				
Roque				
Rosaire				
Rosaire-Joseph				

Rosario	🧸🧸	
Roy	🧸🧸	
Roy-Paul	🧸	
Royal	🧸	⊕
Ruben	🧸🧸	
Rubis	🧸	
Ruby	🧸	
Rudolf	🧸	
Rudolph	🧸🧸	
Rudolphe	🧸	
Rudy	🧸🧸	
Rui	🧸🧸	
Rupert	🧸	⊕
Russell	🧸🧸	

S

Saad	🧸🧸
Sabin	🧸🧸
Sacha	🧸🧸

30 août

Said	🧸🧸🧸		
Salah	🧸🧸		
Salim	🧸🧸		
Salomon	🧸🧸		25 juin
Salvador	🧸🧸		
Salvator	🧸		
Salvatore	🧸🧸		18 mars
Sam	🧸🧸		
Sam-François	🧸		
Sami	🧸🧸		
Samir	🧸🧸🧸		
Sammy	🧸		
Samuel	🧸🧸🧸	⊕	20 août
Samy	🧸🧸		
Sarto	🧸🧸		
Saturnin	🧸		29 novembre
Saül	🧸		
Scipion	🧸		
Scott	🧸🧸		
Sébastian	🧸		
Sébastiano	🧸		

Sébastien	🧸🧸🧸	⊕	20 janvier
Sébastien-Nicolas	🧸		
Sébastien-Philippe	🧸		
Sélim	🧸		
Septime	🧸		
Séraphin	🧸		12 octobre
Serge	🧸🧸🧸🧸🧸		7 octobre
Serge-André	🧸		
Serge-Claude	🧸		
Serge-Denis	🧸		
Serge-Éric	🧸		
Serge-Étienne	🧸		
Serge-Joseph	🧸		
Serge-Paul	🧸		
Serge-Raymond	🧸		
Serge-Stéphane	🧸		
Serges	🧸🧸		
Sergine ⚥	🧸		
Sergio	🧸🧸		
Sévère	🧸	⊕	
Séverin	🧸	⊕	27 novembre

108

Sidney	🧸		
Siegfried	🧸		22 août
Silvain	🧸		
Silvio	🧸 🧸		
Simbad	🧸		
Siméon	🧸	⊕	18 février
Simon	🧸 🧸 🧸	⊕	28 octobre
Simon-Christian	🧸		
Simon-Pierre	🧸 🧸		
Simon-Thierry	🧸		
Simplice	🧸		
Sixte	🧸	⊕	
Slimane	🧸		
Solène ⚥	🧸		
Soliman	🧸		
Solomon	🧸		
Sosthène	🧸		
Souad	🧸 🧸		
Souleymane	🧸 🧸		
Stan	🧸		
Stanislas	🧸 🧸	⊕	11 avril

Stanley	🧸🧸		
Steeve	🧸🧸🧸		
Steeven	🧸		
Stéfan	🧸🧸		
Stefano	🧸🧸		
Stéphan	🧸🧸🧸		
Stéphane ⚥	🧸🧸🧸🧸🧸		
Stéphane-André	🧸		
Stéphen	🧸🧸🧸		
Stève	🧸🧸🧸		
Stéven	🧸🧸🧸		
Sulpice	🧸	⊕	
Sung	🧸		
Swann ⚥	🧸		
Sydney	🧸		
Sylvain	🧸🧸🧸🧸🧸		4 mai
Sylvain-Claude	🧸		
Sylvain-Yvon	🧸		
Sylvère	🧸	⊕	20 juin
Sylvestre	🧸🧸	⊕	31 décembre
Sylvio	🧸🧸		

Symphorien	🧸		22 août

T

Tahar	🧸🧸		
Tancrède	🧸		
Tanguy	🧸		19 novembre
Taoufik	🧸🧸		
Tarek	🧸🧸		
Tarik	🧸🧸		
Ted	🧸		
Télémaque	🧸		
Télesphore	🧸	⊕	
Téo	🧸		
Térence	🧸		
Terrance	🧸		
Terry	🧸🧸		
Tharcisius	🧸	⊕	15 août
Théo	🧸🧸		
Théobald	🧸		

Théodore	🧸 🧸	🌐	9 novembre
Théodose	🧸		
Théodule	🧸		
Théophane	🧸		2 février
Théophile	🧸	🌐	20 décembre
Thibaud	🧸		
Thibault	🧸		8 juillet
Thierry	🧸 🧸 🧸		1er juillet
Tho	🧸 🧸		
Thomas	🧸 🧸 🧸	🌐	22 juin
Thomas-Martin	🧸		
Thomas-Raymond	🧸		
Thomassin	🧸		
Thuribe	🧸	🌐	23 mars
Tiburce	🧸		
Tim	🧸		
Timmy	🧸		
Timothée	🧸	🌐	
Timothy	🧸 🧸		
Timothy-Daniel	🧸		
Tino	🧸		

Tite	🧸	🌐	26 janvier
Titus	🧸		
Tobie	🧸		
Tom	🧸🧸		
Tommy	🧸🧸		
Toni	🧸🧸		
Tony	🧸🧸🧸		
Toufic	🧸🧸		
Toussaint	🧸🧸		1er novembre
Trefflé	🧸		
Trévor	🧸🧸		
Tristan	🧸		
Tuan	🧸🧸		

Ubald	🧸🧸		16 mai
Ubalde	🧸	🌐	
Ugo	🧸🧸		
Uldéric	🧸		

Ulric	🧸🧸	⊕	10 juillet
Ulrich	🧸		
Ulrick	🧸🧸		
Ulysse	🧸		
Umberto	🧸		
Urbain	🧸	⊕	19 décembre
Urvan	🧸		

V

Valentin	🧸	⊕	14 février
Valentino	🧸		
Valère	🧸🧸	⊕	14 juin
Valéri	🧸		
Valéri-Marie	🧸		
Valérian	🧸		
Valérien	🧸	⊕	14 avril
Valéry	🧸🧸		1er avril
Vallier	🧸	⊕	
Valmont	🧸		

Vassili	🧸		
Venant	🧸		
Vianney	🧸 🧸	⊕	4 août
Viateur	🧸 🧸	⊕	2 septembre
Vic	🧸		
Vicente	🧸		
Vicky ⚥	🧸 🧸 🧸		
Victor	🧸 🧸 🧸	⊕	21 juillet
Victor-Denis	🧸		
Victor-Manuel	🧸		
Victor-Marie	🧸		
Victorien	🧸 🧸		23 mars
Victorin	🧸 🧸		15 mai
Victorio	🧸		
Vidal	🧸		
Villemaire	🧸		
Vilmont	🧸		
Vincent	🧸 🧸 🧸		22 janvier
Vincenzo	🧸 🧸		
Virgile	🧸		10 octobre
Virginien	🧸		

Vital   🧸🧸   ⊕   2 juin
Vitalien   🧸
Vito   🧸🧸
Vivian   🧸🧸
Vladimir   🧸🧸

W

Waldeck   🧸
Waldemar   🧸
Walid   🧸🧸
Wallace   🧸
Walter   🧸🧸   23 juin
Wenceslas   🧸   ⊕   28 septembre
Werner   🧸
Wibert   🧸
Wilbert   🧸
Wilfred   🧸
Wilfrid   🧸🧸   12 octobre
Wilfrid-Aurélien   🧸

Wilfried	🧸	
Wilhelm	🧸	
William	🧸🧸🧸	
Willie	🧸	
Willis	🧸	
Willy	🧸🧸	
Willy-Louis	🧸	
Wilson	🧸🧸	
Winnifred	🧸🧸	
Wladimir	🧸	15 juillet
Wolfgang	🧸	31 octobre

X

Xavier	🧸🧸	3 décembre
Xavier-Fernand	🧸	
Xerxès	🧸	

Yan	🧸 🧸
Yanick	🧸 🧸 🧸
Yanik	🧸 🧸
Yann	🧸 🧸
Yannick	🧸 🧸 🧸
Yannick-Thierry	🧸
Ygal	🧸
Ygor	🧸
Yohan	🧸 🧸
Yoland	🧸 🧸
Youri	🧸
Youssef	🧸 🧸 🧸
Youssouf	🧸
Yvain	🧸
Yvan	🧸 🧸 🧸 🧸
Yvan-Denis	🧸
Yvelin	🧸
Yves	🧸 🧸 🧸 🧸 🧸

19 mai

Yves-Alain	
Yves-André	
Yves-Charles	
Yves-David	
Yves-Denis	
Yves-François	
Yves-Hervé	
Yves-Jules	
Yves-Louis	
Yves-Marie	
Yves-Michel	
Yves-Pascal	
Yves-Patrick	
Yves-Paul	
Yves-Victor	
Yvon	
Yvon-Albert	
Yvonick	
Yvonnick	

Z

Zacharie		5 novembre
Zachée		
Zakaria		
Zaki		
Zénon		20 décembre
Zéphirin		20 décembre
Ziad		
Zoël		
Zohra		
Zoltan		
Zotique		23 décembre
Zozime		

SAVIEZ-VOUS QUE...

Utilisation des prénoms

Soixante pour cent des prénoms ne sont utilisés que par 2 % de la population, mais plus de 60 % de la population n'utilise que 2 % des prénoms. Il y a, en d'autres termes, un petit nombre de prénoms qui sont très po-pulaires et, à l'inverse, la plupart des prénoms trouvent rarement preneurs...

Deux pour cent de l'ensemble des prénoms, cela correspond à, *grosso modo*, une trentaine de prénoms. En ajoutant à cette liste une autre trentaine de prénoms, on connaîtrait 80 % des gens!

Utilisation des prénoms composés

Notre étude des prénoms nous montre que parmi les personnes s'exprimant en français, environ 90 % de celles-ci portent des prénoms simples et moins de 10 % seulement des prénoms composés.

Utilisation de plusieurs prénoms

Les prénoms composés s'écrivent, en français, avec le trait d'union. L'utilisation de plusieurs prénoms, à l'américaine, sans trait d'union, est rare mais elle se rencontre parfois. Les combinaisons les plus fréquentes sont sensiblement les mêmes que pour les prénoms composés. Un cas amusant, celui de Junior. Nous l'avons retrouvé utilisé avec

67 prénoms et dans moins de 100 cas sur 100 000! La forme est donc connue, mais en définitive peu répandue.

Signification du code de fréquence

Les catégories de fréquence ont une signification qui peut vous permettre d'étonner votre entourage. La voici:

Catégorie	*Explication*
1 ourson	Prénom à peu près inconnu, les gens ont tendance à sursauter en l'entendant; on le rencontre 1 fois sur 100 000 ou moins.
2 oursons	Prénom déjà entendu, mais on demandera souvent de l'épeler; on le rencontre 1 fois sur 10 000 environ.
3 oursons	On connaît tous déjà des personnes portant ce prénom; on le rencontre 1 fois sur 1 000.
4 oursons	Prénom généralement présent dans votre entourage immédiat, que vous rencontrerez de 3 à 5 fois sur 1 000.
5 oursons	Prénom présent à plusieurs exemplaires dans votre entourage immédiat, 1 fois sur 100 en moyenne.

Prénoms les plus populaires

Quel est le prénom le plus utilisé aujourd'hui? Michel. Quels sont les cent les plus populaires? En voici la liste:

Alain	Frédéric	Léo	Raynald
Albert	Gabriel	Lionel	Réal
Alexandre	Gaétan	Louis	Réjean
André	Gaston	Luc	Rémi
Antoine	Georges	Lucien	René
Benoît	Gérald	Marc	Richard
Bernard	Gérard	Marcel	Robert
Bertrand	Germain	Marco	Robin
Bruno	Ghislain	Mario	Roch
Carl	Gilbert	Martin	Roger
Carol	Gilles	Maurice	Roland
Charles	Guy	Michaël	Ronald
Christian	Henri	Michel	Sébastien
Claude	Hugues	Mohamed	Serge
Clément	Jacques	Nicolas	Simon
Daniel	Jean	Normand	Stéphan
David	Jérôme	Olivier	Stéphane
Denis	Jocelyn	Pascal	Stève
Dominic	Joël	Patrice	Sylvain
Dominique	John	Patrick	Thierry
Donald	José	Paul	Victor
Éric	Joseph	Peter	Vincent
Fernand	Jules	Philippe	Yvan
Francis	Julien	Pierre	Yves
François	Laurent	Raymond	Yvon

123

Attention, il s'agit ici des prénoms les plus utilisés au cours des dernières années. Cela ne veut pas dire qu'ils seront toujours les plus populaires pour les nouveau-nés.

Fréquence des prénoms composés

Le plus populaire des prénoms composés est Jean-Pierre, suivi de Jean-François et Jean-Claude. Voici la liste des cinquante prénoms composés les plus utilisés:

Henri-Paul	Jean-Marcel	Louis-Marie
Jacques-André	Jean-Marie	Louis-Martin
Jean-Baptiste	Jean-Martin	Louis-Philippe
Jean-Benoit	Jean-Maurice	Louis-Pierre
Jean-Bernard	Jean-Michel	Marc-André
Jean-Charles	Jean-Noël	Marc-Antoine
Jean-Christophe	Jean-Paul	Paul-André
Jean-Claude	Jean-Philippe	Paul-Émile
Jean-Denis	Jean-Pierre	Paul-Henri
Jean-Eudes	Jean-René	Pierre-André
Jean-François	Jean-Robert	Pierre-Louis
Jean-Guy	Jean-Roch	Pierre-Luc
Jean-Hugues	Jean-Sébastien	Pierre-Marc
Jean-Jacques	Jean-Serge	Pierre-Paul
Jean-Louis	Jean-Yves	Pierre-Yves
Jean-Luc	Léo-Paul	Simon-Pierre
Jean-Marc	Louis-André	

On peut se demander, au sujet des prénoms composés, lequel est le plus souvent combiné à un autre. Eh bien! c'est, on s'en doutera, Jean, suivi de Pierre, Louis et Paul.

Longueur des prénoms

Pour les garçons, on préférera les prénoms de taille moyenne, soit entre 5 et 8 caractères. La longueur moyenne et la plus populaire est de 6 caractères, comme dans Pierre ou Michel.

Les prénoms très courts, de 2 et 3 caractères, et ceux que l'on peut considérer comme longs, à 10 caractères ou plus, sont évidemment plus rares. Il y a cependant, parmi ceux qui ont 2 ou 3 caractères, des prénoms populaires, mais cela ne se présente pas dans les noms les plus longs.

Liste des prénoms les plus courts

Quels sont, pour les amateurs de prénoms courts, ceux qui sont utilisés? Les voici:

Jo	Cyr	Jim	Léo	Max	Ray	Téo
Lô	Dan	Job	Leu	Noé	Roc	Tho
Aël	Dié	Joe	Lin	Pat	Ron	Tim
Ali	Gil	Jos	Lou	Per	Roy	Tom
Amé	Guy	Joy	Luc	Pie	Ruy	Ugo
Ben	Ian	Kay	Maé	Pol	Sam	Vic
Bob	Jan	Ken	Mat	Ram	Ted	Yan

C'EST UN GARÇON!

Abel	Éloi	Joël	Noël	Sung
Adam	Émil	Joey	Odin	Théo
Adel	Enzo	John	Olaf	Tino
Aimé	Éric	José	Oleg	Tite
Alan	Érik	Juan	Omar	Toni
Aldo	Érol	Jude	Omer	Tony
Alex	Évan	June	Otto	Tuan
Alin	Fadi	Karl	Ours	Vito
Alix	Fran	Kurt	Paul	Yann
Amal	Fred	Léon	Pépé	Ygal
Amos	Gaël	Lino	Phil	Ygor
Andy	Gaïl	Loïc	Pier	Yvan
Ange	Gary	Loïs	Raul	Yves
Anis	Géry	Loth	Réal	Yvon
Axel	Gino	Loup	Rémi	Zaki
Baud	Glen	Luis	Rémy	Ziad
Beau	Greg	Luiz	René	Zoël
Bill	Hani	Luke	Reno	
Blas	Hans	Lulu	Riad	
Bona	Hugo	Malo	Rick	
Carl	Igor	Manu	Rino	
Clet	Ivan	Marc	Roch	
Côme	Ivon	Mark	Ruby	
Dave	Jack	Mars	Rudy	
Dick	Jean	Mick	Saad	
Dino	Jeff	Mike	Said	
Dirk	Jill	Neil	Sami	
Eddy	Joan	Nick	Samy	
Edmé	Joao	Nino	Saül	
Élie	Jody	Noah	Stan	

Deux prénoms à trois caractères seulement sont populaires, soit Guy et Luc. Les plus utilisés parmi ceux à quatre caractères sont Jean, Paul, Marc, René, Yves et Éric. La plupart sont cependant peu ou très peu utilisés. On remarquera d'autre part qu'une partie d'entre eux sont d'origine étrangère.

Liste des prénoms les plus longs

On s'intéresse aux longs prénoms. Voici la liste de ceux qui ont 9 caractères et plus:

Abdelaziz	Corneille	Frédérick
Abondance	Cornélien	Godefroid
Alcibiade	Cornélius	Guillaume
Alexandre	Cristobal	Guillermo
Alphonsin	Desneiges	Hippolyte
Anasthase	Dieudonné	Hyacinthe
Archibald	Dominique	Ildefonse
Balthazar	Éleuthère	Jacquelin
Bartolomé	Engelbert	Jacquemin
Beaudouin	Engelmond	Justinien
Bénédetto	Ferdinand	Lucillien
Benvenuto	Firminien	Majorique
Berchmans	Florentin	Marcellin
Bernardin	Floribert	Moustapha
Bertillon	Florimond	Nathanaël
Champlain	Francelin	Nathaniel
Christian	Francesco	Nicéphore
Chrystian	Francisco	Pacifique

Philibert	Victorien	Népomucène
Plutarque	Virginien	Noureddine
Polycarpe	Wenceslas	Pasqualino
Polyeucte	Winnifred	Quintilien
Quasimodo	Abdelkader	Sébastiano
Rodriguez	Abdellatif	Souleymane
Salvatore	Alessandro	Symphorien
Sébastian	Aristarque	Télesphore
Sébastien	Aristotèle	Tharcisius
Siegfried	Barthélémy	Villemaire
Stanislas	Bartholomé	Apollinaire
Sylvestre	Christophe	Bonaventure
Télémaque	Constantin	Charlemagne
Théophane	Enguerrand	Christopher
Théophile	Faustinien	Chrysostome
Thomassin	Ferdinando	Moussedikou
Toussaint	Francisque	Herménégilde
Valentino	Maximilien	

Dans cette liste, on remarquera que seul le prénom Christian est très utilisé, la plupart étant peu connus ou très anciens.

Noms de localités

Il y a plus de 500 localités québécoises dont l'appellation contient un prénom masculin. Il s'agit le plus souvent de noms formés avec le préfixe Saint, mais aussi avec des préfixes géographiques comme Rivière dans Rivière-à-Claude, ou Mont dans Mont-

Gabriel ou encore Val dans Val-David, ou avec des suffixes, comme Station dans Laurier-Station!

Prénoms mixtes

On a recensé 27 prénoms utilisés autant pour un garçon que pour une fille. Quels sont-ils?

Alix	Frédérique	Maxence
Amédée	Gaby	Olive
Anne	Hellen	Phyllis
Beverley	Hyacinthe	Prudence
Camille	Judy	Sergine
Candide	Kim	Solène
Céleste	Louison	Stéphane
Claude	Lulu	Swann
Dominique	Mah	Vicky

BIBLIOGRAPHIE

Besnard, P. & G. Desplanques, *Un prénom pour toujours*, Le Livre de Poche.

Corinte, Paul, *La vraie vie des prénoms*, M. A. Éditions, Collection Guides Marabout, Paris, 1982.

Englebert, Omer, *La fleur des Saints - 1910 prénoms et leur histoire*, Éditions Albin Michel, Paris, 1984.

Grisé-Allard, Jeanne, *1500 prénoms et leur signification*, Le Jour, Éditeur, Montréal, 1973.

Le Rouzic, Pierre, *Un prénom pour la vie*, Éditions Albin Michel, Paris, 1978.

Mercier, Claude, *Les prénoms, un choix pour l'avenir*, Éditions Marabout, Collection Marabout Service, Belgique, 1979.

Raguin, C. & P. Raguin, *L'officiel des prénoms d'Europe*, Éditions Marabout, Alleur (Belgique), 1993.

Stanké, Louis, *Un prénom pour toujours*, Les Éditions de Mortagne, Collection Mortagne Poche, Boucherville, 1992.

Vinel, André, *Le livre des prénoms selon le nouveau calendrier*, Éditions Albin Michel, Paris, 1972.